レディーの赤面

ヴィクトリア朝社会と化粧文化

坂井妙子

勁草書房

1. 髪にブラッシュ・ローズをアレンジしたイヴニング・ドレス（1877年）
文化女子大学図書館蔵

2. ペアーズ製「ブルーム・オブ・ローズ」（19世紀末から20世紀初頭）
©Science Museum / Science and Society Picture Library.

3. コントラストによる顔映り効果（1840年代）

目次

目次

序章　ヴィクトリアンにとっての表情とは

人の情動表現とその解釈は時代とともに変化する。「赤面」も例外ではない。現代では、赤面は生理的や心理学の研究対象である。(1) また、赤面に悩む人も多いようだ。(2) しかし、ヴィクトリア朝期（一八三七〜一九〇一年）のイギリスでは、この情動表現は驚くほど多様な意味とニュアンスに富み、キャラクター（心理、性格、本質など）解釈の奥行きと広がりにおいて、他の時代に抜きん出ていた。さらに、「赤面産業」とも呼びうる、赤面関連グッズが大々的に開発された時期でもあった。

赤面は、表情の中で特殊な位置を占めている。「つくり笑い」や「嘘泣き」はできるが、赤面を意識的につくることはできない。また、意識的に止めることもできない。それゆえ、いかなる表情、どんな身体組織よりも正直に、その人の心情を露わにすると考えられてきた。イギリスでもよく知られた、イタリアの人類学者、パオロ・マンテガッザは、著書、『観相学と表情』（一八八九年）の中で、若い女性の顔色が急変する様子を次のように考察している。

生き生きとした会話の途中や、劇場、舞踏場にお気に入りの男性が突然入って来ると、彼に愛されている女性は一〇〇回中九〇回まで、突然赤面するものだ。めったにないが、青くなる場合もある。どんな驚きの印も、微笑みも、動きも、眼差し以外には彼の到着を迎えまい。その目さえもおそらく閉じられているか、心の鏡からの突然の輝きを隠すためにまぶたが下ろされようが、血管運動神経は情動に屈しなければならなかったので、赤面や蒼白を引き起こしたのである。(3)

彼は赤面、または、蒼白を引き起こす血管運動神経（vasomotor nerves）を「意志の支配をまったく受けないか、極めて受け難い」と捉えている。そのために、赤面や蒼白は「表情の他のどの領域にもまったく辿ることのできない、目にさえも［辿りえ］ない、情動の不随意の印」(4)と考えた。一方、目の筋肉を「神経中枢から生じる本当の情動にもっとも容易く屈する」(5)と述べ、眼差しを偽ることも、ほとんどできないと認めている。赤面を引き起こす血管運動神経は、その目さえも上回る正直な身体組織ということになり、彼女の心情（ここでは、彼を「気に入」っている）を露わにするのである。

本書は、一九世紀、特にヴィクトリア朝期における、情動表現の規範を赤面から考察する。具体的には、赤面という表情を科学的に捉えようとした生理学の理論、小説と絵画に見る理想的な乙女の赤面、その実践としての美しい顔色と表情の獲得法、及び、商品化、さらに、「病的赤面」を考察する。そうすることで、イギリス人女性の顔の上に現われるべき表情がどのようにつくられ、流布し、大衆化していったのかを探るのだ。考察の中心は、中産階級以上の若い女性、つまり、レディーである。レディーにこそ、赤面はふさわしかった。以下、本論で扱うトピックの背景を概観しておく。

1　観相学と社会

一九世紀の人々は他者の「顔」をどのように観察したのだろうか。「顔」に対する彼等の感受性を示すエピソードの一つに、ダーウィンの「鼻」がある。チャールズ・ダーウィン（一八〇九〜八二年）は、一八三一年の暮れ、地質、及び博物学調査のために、軍艦ビーグル号に乗って、世界周航に参加した。およそ五年間に亘るこの探査を元に、『種の起源』（一八五九年）が書かれたことはよく知られている。ビーグル号の探査に加わったことはダーウィンのその後の人生、そして、科学の発達に非常に大きな役割を果たしたわけである。ところが、彼は鼻の形のせいで、危うくこの好機を逃したかもしれなかった。

ビーグル号の船長、ロバート・フィッツロイは、ダーウィンを採用するかどうかを決める際に、彼の容貌を参考にしたという。フィッツロイが観察したところでは、ダーウィンの鼻は短すぎるので、探検を遂行するのに必要な決断力、意志の固さに欠けていたという。後に、ダーウィンはこのことを自伝に記している。

フィッツロイと懇意になった後、私は鼻の形のせいで、危うく拒絶されるところだったと聞かされた。彼はラーヴァター（Lavater）の熱心な信奉者で、容貌のシルエットで、人のキャラクターを判断できると考えたのである。そして、私の鼻のような人が航海に必要なエネルギーと決断力を持つかどうか、疑問だったという。だが、後になって彼は、私の鼻が嘘をいったことに満足したと、私は思う。(6)

ラーヴァターとは、スイスの牧師、ヨハン・カスパール・ラーヴァター（一七四一～一八〇一年）である。彼は一七七五年に『観相学断章』を著し、この著書がきっかけとなって観相学がヨーロッパ中に大流行したと言われている。(7) 彼によると、観相学とは「人の外面から内面を発見する才能のことで、必ずしも感覚を即座に刺激するわけではない、ある特定の自然の印を認める能力」(8) である。人は刺激によって、また、恣意的な選択で反応するが、それだけでなく、必ずしも意識していない内的要因、つまり、情動、気質や認識の傾向に影響される。観相学とは、これら内的要因が人の容貌に示す微細な特徴を探り、さらに、この傾向（秘められた性格や感情の状態、認識の傾向で、これらをキャラクターと呼ぶ）が行動を導く原因に遡るのである。(9)

人の顔を解読する際に、ラーヴァターは横顔（シルエット）を使った。顔から表情を取り除くことで、つまり、彼が言うところの「感情の動きが生みだすかりそめの兆候」を「すべて剥奪する」ことで、「精神と心の性質」を洞察することができると考えたのである。[10] 彼にとっての人の容貌とは、顔の各パーツが連絡しあう総体であり、独自の「個」を露にするものだった。[11] 容貌を構造的で、意味のあるものと捉えること、「幾何学的に、あるいは数学的に把握」することで、彼は観相学を科学にしようとしたという。[12]

『観相学断章』は一七九〇年代だけでも、一二の英訳版が出版された。中には、トマス・ホルクロフトによる廉価版のように、一九世紀半ば過ぎまでに一五版を重ねるほどの人気を誇ったものもあった。[13] また、ラーヴァターの考えをポケット判で翻案した観相学書も数多く出版された。[14] たとえば、ローザ・ボーガムは『観相学ハンドブック』（一八八五年）の中で、目の形とキャラクターの相関の説明にラーヴァターの名前を挟み込んでいる。「瞳を半分おおうような厚い瞼を伴う、長いアーモンド形の目は（ラーヴァターが言うように）、天才であることを示す」。[15] S・R・ウェルズは『観相学新体系』（一八六六年）で、大胆にもラーヴァターのポートレートを示し、彼のキャラクターを推し量っている。[16] このような観相学書を片手に、他者の顔からその内面を読むことが一九世紀には大流行したのだった。

観相学は小説や絵画の描写にも大いに影響を与えた。容貌を描写する際に、精神の質（道徳観）と肉体が連絡し合うことで形づくる、キャラクターの特徴を強調するためである。ヴィクトリア朝を代表する画家、W・P・フリス（一八一九〜一九〇九年）はそれを作品中で実践したことでよく知られている。[17] 国民的作家の一人、チャールズ・ディケンズ（一八一二～七〇年）も、作品中で観相学に言及することがしばしばあった。[18] センセーション・ノベルの作家、メアリー・エリザベス・ブラッドン（一八三七～一九一五年）も同様に、作品中にしばしば観相学的観察を挿入している。たとえば、『弁護士の秘密』（一八六二年）では、男性登場人物の容貌のわずかな特徴――広い額、充分整った顔立ち、濃紺の眼など――をもう一人の登場人物（弁護士）と較べて、次のようにキャラクターを割り出している。「観相学者にとって、彼の顔は、弁護士の顔つきに欠けたあらゆる質――活力、決断力、自信、粘り強さ――において、優っている。つまり、これらすべての特性は偉人をつくるのである。[19]」。

弁護士の容貌に欠けていたように、[20] ダーウィンの鼻にも、フィッツロイが見たところでは「活力、決断力、自信、粘り強さ」、つまり「偉人をつくる」特性が欠けていたのであろう。フィッツロイがそれを気に病んだというエピソードは、観相学の広がりと権威を証明している。その一方で、ダーウィンはこれに信頼をおいていないことも伺われる。

このように、観相学は主として顔を観察対象にしたが、これに限ったわけではなかった。身に纏うものも、キャラクターを推測する重要な要素と考えられた。ラーヴァターもこれを認めていたし、[21] 一九世紀に出版された観相学書や美容書の多くも、身に纏うものをキャラクター指標として扱っている。美容書『健康、美、ファッションの身繕い』（一八三四年）が「顔が魂の鏡ならば、ドレスは精神の索引である」と述べる時、服装から読み取りうるキャラクターの多様性を示唆している。具体的には、贅沢品の嗜好はプライドや浪費、だらしない身なりは怠惰、気まぐれな服装はむら気、流行のファッションと完全に対立するドレスを着用することは、「珍しいものを導入する最初の人であろうとするので、虚栄とプライドのまったき証拠[22]」などである。似たような指摘はウェルズやロジャーソンの著書にも見られる[23]。

観相学は、「個人」の外見の特徴と内面との関係を問題にした。だが、一九世紀には、「もっとも目立つ、見た目の違い」は、それぞれの人が属す社会環境の結果であると考えられるようにもなっていった[24]。人々は人種、国、社会階級などの違いによって、「タイプ」に分類され、感情や道徳観の評価と結び合わさって解釈されたのである。中でも、社会階級によるタイプ分けは本著の議論にとって重要である。先述のウェルズは「対照的な顔」と題した章で、異なる二つの社会階級を扱っている。「上階」に位置するフローレンス・ナイチンゲールと、「心身ともに地階」にいるブリジッド・マックブルーザーのポートレートを比較しているのだ（図 intro-1）。「上階」とは、暮らし向きが良く、社会階級の高い人々を指し、「地階」とは家事使用人階級（つまり、労働者階級）を指す。ナイチンゲールは卵型の輪郭で、額は広く、唇はきりっと締まっており、鼻は高く、真っ直ぐである。この階級における理想的な容貌である。一方、マックブルーザーは典型的な下層階級の容貌――「顎が突き出ており、口が大きく、鼻は上を向き、額が後退[25]」――である。ウェルズによると、ナイチンゲールの容貌では「高い道徳心」が支配し、「博愛家」、「寛大」、「同情心によって素晴らしいもの、善良なものへ向かい」、「原因と関係を理解する理性的な知性を持ち」、「審美眼を持ち、

図intro-1　フローレンス・ナイチンゲールとブリジッド・マックブルーザー

洗練」が現われている。これに対し、マックブルーザーの容貌は「下劣か動物的な情動」に支配され、「すべての人と争い」、「執念深く」、「身体的、動物的なものに楽しみを求め」、「単なる直観によって、見たり感じたものはわかるが、五感以上に明確な考えは持たず」、「趣味においていまいましく、食べることができないもの、身体的な欲求や激情を喜ばせることに使うことができないものには、何ら美を見いださない」(26)。

このように、階級に根ざした身体・精神構造の違いが広く認められたのは、人の発達の様々な段階を説明する理論として、進化論が援用されたからである。メアリー・カウリングによると、もっとも影響力があったのは、「個体発生は系統発生を繰り返す」というフレーズで知られるヘッケルの反復説だった。この説を人にあてはめると、個々人は胚から成育する過程で、進化の階梯で最下位に位置する動物の形態からやがてほ乳類へ、さらに、野蛮人からあまり文明化されていない人種や民族の形態を通り、白色人種を頂点として、一人の人として生まれる。これが個人の形態の特徴と階級、人種のランク付けの相関に理論的根拠を与えたのである。劣った人種の大人は優った人種の子供程度の発達に相当すると考えられた。マックブルーザーに見られるイギリスの下層階級の身体構造――「顎が突き出ており、口が大きく、鼻は上を向き、額が後退」――は白色人種よりも劣ると見なされた人種の特徴に一致し、逆に、人類学者が典型的な白色人種と認める鋭い顔立ちとはっきりした横顔は、社会構造上、もっとも上位に位置する人に求められた[27]。精神構造の違い――ナイチンゲールが「寛大」、「同情心によって素晴らしいもの、善良なものへ向か」うのに対し、マックブルーザーが「下劣か動物的な情動」に支配されている――のも、同様の理由による。

感受性の優劣が階級の問題として語られることは、実に多かった。ディケンズ作、『デイヴィド・コパフィールド』（一八四九～五〇年）にも、比較的裕福な中産階級の男性登場人物が労働者階級の感受性を露骨に見下す場面がある。

あの人たちは、われわれのように、敏感というわけにはいかない。彼等の気持は、そうやすやすと、びくつかされたり、傷つけられたりすることはないのだ。（中略）あの人たちは、たいして、立派な性質は、備えていないんで、あのがさがさした、荒い皮膚と同様に、やすやすとは、傷つけられないことを、有りがたく思っていいのでしょうよ[28]。

彼等の感受性は「荒い皮膚と同様に、やすやすとは、傷つけられない」ので、たとえ彼等が頬を染めたとしても、繊細な感受性表現とは見なされなかったのである。このことは、同作品に登場するメイドのペゴティーが、御者のバーキスにプロポーズされたことを報告する場面で、端的に示されている。「彼女自身の顔は、今までに、見たことがないほど、いや、他の、どんな人の顔にも、見たことがないほど、赤かったと思う。」(29)と、幼いデイヴィー（兼著者）は述べる。「赤面した」ではなく、単に「赤かった」と表現されるペゴティーの頬は、肉体労働のために肌理が粗くなり、常にリンゴのように真っ赤である。「頬と腕は堅くって、林檎よりは、こっちがいいと、どうして鳥が突っつかなかったかと不思議なくらい……」(30)、鈍感でもある。彼女の肌は表情に乏しく、それゆえ判読しがたいのだ。これに対し、肉体労働を免れる階級に属しているデイヴィーの母、クレアは、求婚者の賛辞に敏感に反応する育ちの良さと繊細な身体を備えている。「母の顔がこんなに綺麗な色艶をしているのは、私は今までに、見たことがなかった。」(31)と、彼は述べている。こちらは、「分別ある当惑の言語」(32)と解されたわけだ。さらに、彼女の肌はおそらくペゴティーよりも白かっただろう。外出する時には、中産階級以上の女性は常に日傘を差し、直射日光による肌荒れと日焼けの両方から肌を守ったからだ。その意味で、白い肌に差した頬の赤味は、二重に階級指標となったのである。

一方、一八三〇年代、四〇年代は、観相学的考察に生理学や動物学の考えを取り混ぜた社会観察記、いわゆる「生理学もの」や「博物学もの」が大流行した時期でもあった。これも、人々を様々なタイプに分類することに貢献した。アルバート・スミスなどは、この流行に乗って、『紳士の博物学』（一八四七年）、『踊り子の博物学』（一八四七年）に続き、『尻軽娘博物学』（一八四八年）なる冊子まで執筆したくらいである。スミスはフランスで医学を学んだ経験のある画家で、人気風刺雑誌『パンチ』の初期の共同制作者として知られている。[33] 彼によると、たとえば尻軽娘（フラート）は、以下のように分類可能であるらしい。

綱：女性
種類：素敵な娘
種：ワルツ
属（genus）：フラート[34]

これを視覚化したイラスト（図 intro-2）は、フラートが魚同様、博物学的に類別可能な「種」であることを強調している。種／タイプとしてのフラートのキャラクターとは、以下のようなものだった。

フラートを薄情と呼ぶことはできないだろう。戯れの恋に血道を上げ、それが続く限り、彼女はもっとも「感じの良い」若い女性である。しかし、強い愛着は移ろいやすく、心をかき立て

[*Puella excellens*, or Charming Girl.]　[*Chætodon vagabundus.*]

図intro-2　フラート

ることで燃え上がった［恋の］炎は、火を棒でつつくことで作り出されるようなものだ。続いている間は強烈だが、すぐに終わってしまう[35]。

外面のみならずキャラクターも、生物図鑑の記述のごとく簡単明瞭である。本著でも、このタイプの考え方を援用し、若い女性のキャラクター分析に活用する。

このように、一九世紀のイギリス社会では、外見から個人のキャラクターとタイプを類推する、観相学が極めて重要な位置を占めていた。押さえておくべき、第一の点である。

2　生理学から見た赤面の魅力

一九世紀には、別の領域からも顔の研究が盛んに行われた。表情を生理学的に解明する試みである。その最たるものが、チャールズ・ダーウィン（一八〇九〜八二年）による表情研究の書、『人、及び動物の表情について』（一八七二年）である。本論第一章では、この中の赤面を扱った章を考察する。ダーウィンは章の冒頭で、次のように断言している。「赤面はすべての表情の中でもっとも特殊、かつ、もっとも人間的なものである」[36]。大胆な発言だ。彼はこの著書でも進化論を支持し、以下に見る二人の科学者が信奉した自然神学を支持していない。また、著書の冒頭では、観相学を根本的に否定している[37]。つまり、ダーウィンの赤面論は斬新だった。彼は表情の理解に新たな地平を開いたのであり、現代に至るまで影響力を持ち続けている[38]。

本節では、彼の赤面論に影響を与えた二つの先行研究を概観し、第一章の予備知識とする。一つはチャールズ・ベル（一七七四〜一八四二年）著、『芸術に関する表情解剖学、及び哲学』（一八〇六年初版）であり、もう一つはT・H・バージェス著、『赤面の生理学、及びメカニズム』（一八三九年）[39]である。ベルの著作は表情研究の基本書とされ、一八五〇年代以前には、もっとも影響力のある研究と考えられていた[40]。

ダーウィンを含め、三人の考えを見ていくにあたり、留意すべき点が二つある。第一に、生理学の位置づけである。ジョナサン・クレーリーによると、一八四〇年代までに、次の二つの事柄が生じた。1．主観的経験あるいは精神生活の全体論的研究から経験科学的・数量的平面への漸次的移行。2．ますます特定化される器官系や機械論的システムへの、生理学的主体の分割と断片化[41]。信仰や良心をベースにした真実、直感の類いは知的信憑性を失い[42]、主観的内観に代わって、このような新しい生理学が主導権を主張しだしたというのである。

第二に、大衆も生理学の理論に興味を持つようになったことである。科学はごく一部の裕福な人たちの知的好奇心を満足させるものから、多くの人たちがレジャーにお金をかけることができるようになった世紀半ば以降、ファッショナブルで尊敬に値いする楽しみになった[43]。彼等は生理学の議論に加わることさえあったかもしれないのである。ベルやバージェス、そして、ダーウィンの赤面論は、大衆的な観相学書にも引用されたからだ[44]。ディケンズも、先述のベルの著書を蔵書していた[45]。

チャールズ・ベルは解剖学者兼、外科医である。彼はエジンバラ大学の学生だった一七九八年に、『解剖学体系：人体の生体構造の解説、器官の展示方法と疾病の多様性』を出版し、早くも二〇代半ばにして解剖学と外科医学のエキスパートとしての地位を確立した[46]。ベルや彼の大学の同僚たちは、世界は「神の意図」によって作られているとかたく信じていた。したがって、科学の使命は、神の存在を証明する物的証拠を探すことだった。これを自然神学と呼ぶ。自然神学は、一七世紀から一九世紀のイギリスで興隆していた[47]。ベルが目指したのは、感覚作用に関する生理学的概念を否定することなく、創造についての神学の考え方の正しさを論証することであった。これから考察する『芸術に関する表情解剖学、及び哲学』でも、芸術における解剖学的知識の重要性を示すとともに、解剖学が表情とキャラクターの真実を解明することを論証しようとした[48]。

ベルにとって、解剖学が表情研究の基礎であることは、「解剖学は……事実上、言語学での文法に相当し、我々に話しかける手段である」[49]という表現に端的に現われている。彼は人だけでなく、様々な動物の解剖も行い、人と動物の神経、筋肉組織の構造を比較した。その結果、「動物の顔に動きを与える規定と、人の顔に表情を与える規定はまったく異なる」という結論に達する。下等動物には表情は見られない。四足獣のいくつかの種では、表情の表出のために使われる筋肉がいくつかあるが、これらに加え、人には「表情以外に役割を果たさない特別な筋群が存在する」[50]と主張した。神が人にだけ与えた特別な筋肉である。さらに、この筋肉の動きによって作り出される表情を、「単なる動物的表情に対して、精神的エネルギーの指標と見なされよう」[51]と高く評価した。表情が精神の発達の指標ならば、表情の解剖学的理解はキャラクターの解明にも繋がろう。

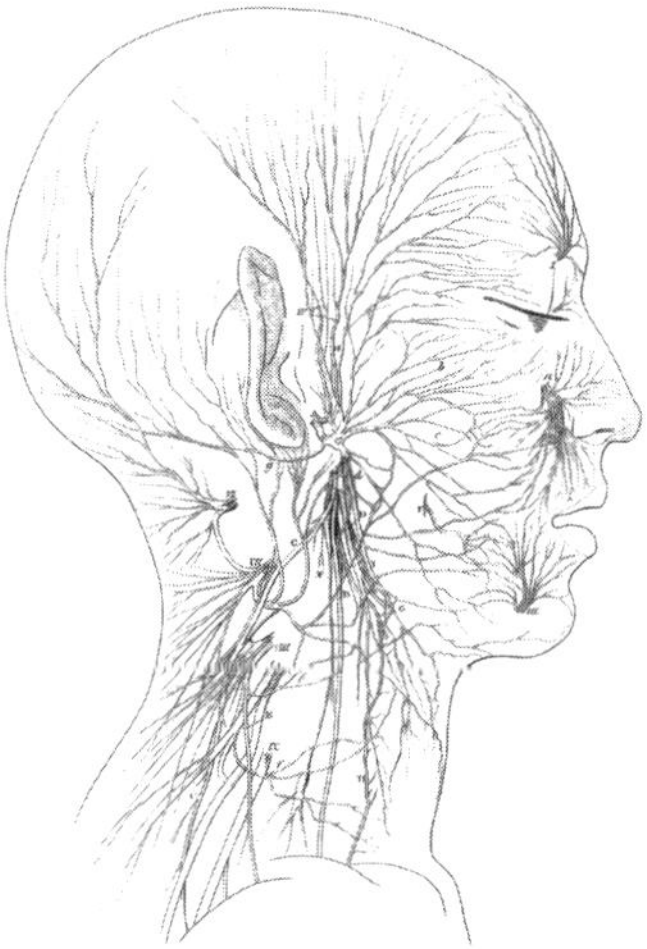

図intro-3　「顔面と頸部の神経」

　では、情動はどのようなプロセスで表情になるのだろうか。ベルの理解によれば、情動が心臓の鼓動を乱し、呼吸を活発にさせ、特定の筋肉が動かされることで、表情が表出するというものだ[52]。この一連の動きを司るのが神経組織である。図intro-3は、人の顔面と頸部の神経系統図である。ベルの著作を紹介する際に、顔面筋の図とともにしばしば引用される（ダーウィンも『人、及び動物の表情について』の「序」で、ベルの顔面筋の図版を転載している）。素人目に見ても、大変複雑であることがわかるが、ルーシー・ハートレーによると、彼の研究の独創性は神経組織を情動表現理解の中心に位置づけたことにあるという。ベルはこの複雑さこそ、神の意図の素晴らしさを証明するもっとも確かな証拠と考えた。表情が与える「共通の印象」の背後にあるメカニズムを決定し、表情として目に見えるようにする方法を確定するからである。また、この複雑な神経組織があってこそ、特定の情動に対応した特定の表情の表出を可能にするだろうからである(53)。

赤面も同様に、ベルにとっては、神の意図のすばらしさを証明する崇高な表情である。

　赤面による顔色の急激な変化は表情に属する。それは、我々を共感させ、一体化させる原因の一つである。この紅潮は生体組織に対する有用性はないが、精神の指標としてそれが刺激する関心を認めなければならない。それは、美しい表情に完璧さを賦与する。
　激しい活動、または、怒りのような強い激情に伴う色は、漸進的な血管の興奮に起因するもので、赤面とは異なる。赤面はあまりにも唐突で部分的であるため、心臓の働きとしては追跡できない。それは表情の前段階であることが顔、首、胸、露出部分だけに広がる皮膚の色によって推定される。後天的でなく最初から備わっている。（中略）赤面は、その色のために、顔の表情に輝きと興味が添えられる。この点において人類の白人系の有する利点を認めることができるが、黒人系ではこうした利点は失われているに違いない。その理由は、黒人で赤面が見られる可能性を私自身はほとんど信ずることができないからである。

我々は赤面は羞恥心に伴うと考えるが、それは興奮を示唆している。(中略) 赤面は若者にふさわしく、年齢の少し高い婦人ではもっと上品になる。赤面は若さと可憐さによく調和するのに対し、顔色の変化に感受性のかけらもみられない畜生の顔ほど憎らしいものはない。(54)

赤面には、「生体組織に対する有用性はない」が、「精神の指標」であると、彼は認めている。さらに、「最初から備わっている」、つまり、神が人に授けたこの表情は、単なる動物的情動――「激しい活動、または、怒りのような激しい情熱に伴う色」の変化――とは異なり、繊細なコミュニケーション能力――「我々を共感させ、一体化させる原因の一つ」――を持つようだ。

また、赤面は美的効果も有する。「美しい表情に完璧さを賦与」し、「顔の表情に輝きと興味が添えられる」からである。別の箇所で、「顔つきの美しさは、表現能力と、その表情に応じた顔の部分部分の調和にあるというのが一般的な見解である(55)」と述べているから、「美しい表情に完璧さを賦与」する赤面は、最高に美しい顔つきをつくる表情でもあろう。そして、これを「白人系の有する利点」であると主張する。つまり、赤面する能力を有する白色人種は精神の発達、それが示すキャラクター(「若者にふさわしく」、「可憐さによく調和する」)、容貌の美しさのどの点から見ても、高い水準に達していると考えたのである。逆に言えば、肌の色が濃いために赤面する能力のない人種――「黒人で、赤面が見られる可能性を私自身ほとんど信ずることができない」――は、精神の未発達とキャラクターの劣性を外面に表示していることになる。このことは、赤面しない＝「感受性のかけらもみられない畜生の顔」と表現されることで、強く印象づけられるだろう。

ベルは赤面を「心臓の働きとしては追跡できない」と述べ、この表情に筋肉の動き、少なくとも直接的な動きを想定していない。この意味では、赤面は極めて特殊な表情である。しかし、これを認めることで、この不随意な表情の生成には、（肉体ではなく）精神が大きく関わることが強調されよう。

この著書は、本来は芸術家のために書かれたが、医者の間でも広く受け入れられたという[56]。特に、情動表現に関わる神経組織の発見を大幅に加筆した第三版（一八四四年）を、ダーウィンも高く評価している。彼は自著の冒頭で、「氏は、このテーマを科学の一分野としてその基盤を築いたのみならず、素晴らしい構造を作り上げたといっても不当ではあるまい[57]」と述べている。

次に、バージェスが赤面をどのように理解したか見てみよう。生理学者兼、内科医であるバージェスにとって、精神の不随意の働きが身体上の変化として現われることはとても興味深かった。中でも、血液循環に起こる変化は注目に値すると考えた[58]。そこで、意識的につくることのできない赤面という「現象」（彼は phenomenon という言葉を使っている）を解剖学と神経学、自然神学から解明しようとした。著書のタイトル、『赤面の生理学、及びメカニズム』からもわかるように、彼は赤面のみを扱った研究書を執筆した。

人が赤面するためには、「感受性」と「認知力」が必要であると彼は主張する[59]。そして、感受性には、「本物」と「偽物」があるという。本物の感受性は善悪の正しい判断を下す「道徳意識」を我々に植え付け、日常生活における義務を遂行するために必要な精神力を与える。一方、偽物の感受性とは、「ほんの僅かな想像力によっても乱されたり、興奮し、現実の原因と同様に、空想や想像によっても影響されやすい」[60]としている。認知力は、これがない場合を例に、次のように説明している。「白痴［idiot］は赤面することができない。道徳的な潔白さに対するどんな違反に際しても、この生き物では良心が休眠状態にあるからである」[61]。

感受性を本物と偽物に分けたように、赤面にも、本物と偽物があると彼は考えた。本物の赤面とは、道徳意識によるものである。それは善良な道徳的動機によって生じ、過去に起きた不運や恥辱、良心の呵責などを思い返して、「感情に対する侵害」[62]として頬に現れるという。つまり、本物の赤面は道徳違反を起こしたことに対する羞恥心によって生じるのである。これは、神が人間に授けた特別な能力である。

創造主はこれ［羞恥心を表すこと］を意図して、内なる情動を表す特別な能力、より正しく言うならば、内なる情動それ自体を表す能力を人に与えたのではなかろうか。というのは、いかなる人も赤面を自発的に作り出すことはできないからである。それゆえ、赤面は良心に対する抑止として、道徳能力が侵されたり、定められた道から逸れるのを防ぐ役割を果たしているように見える。[63]

人はしてはいけないことをしてしまった時に羞恥心を感じるが、それは思わず頬を染めることで、神と他者に対する罪の告白となる。と同時に、以降似たような罪を犯さないための抑止にもなるというのである。非難に値する逸脱を道徳的に購うという意味で、赤面には有用性があるとバージェスは見ている。

ハートレーは上記引用部分について、重要な指摘をしている。赤面が人間特有の高尚な情動表現であり、特に道徳に関するものであるならば、この表情は人がその他の動物と決定的に異なる、つまり、人間は神によって別個に創造された種であることを示すはずである[64]というのだ。確かに、バージェスは、本物の赤面を起こさせるのに不可欠とされた道徳意識を人間固有と考えている[65]。これに対し、顔面紅潮を引き起こす情緒は「動物的激情」であると主張することで、赤面と峻別している[66]。

一方、その他の理由による赤面は「偽物」と分類された。社交なれしていない若者が、見知らぬ他者を前にはにかんだり、失敗に対する恐れから、または、自負心が足りないために、頬を染めるような場合である。本物の赤面が「恥の衝動」によって生じるのに対し、偽の赤面は「疲弊した感受性」によって生じる。バージェスの観察によれば、「文明または、洗練」のために、疲弊した感受性による偽の赤面の方がずっと多いという[67]。感受性の解釈に「文明」の尺度が持ち込まれているのである。これは、「本物の感受性」の説明では、以下のように使われている。

人は野蛮状態では自然の命令に従うが、進歩するにしたがい、文明の命令、人工の規則を守るようになり、それにともなって、洗練という欠点を進行させることがわかるだろう。アメリカの野蛮人が病的感受性から赤面することなど、一体誰が聞いたことがあるというのか。自分自身の見方や解釈に照らして、彼には恥や不名誉の衝動が弱いのだろうか。いや、そんなことはない。彼の顔色の変化は、道徳本能の純粋な例であり、罪の意識の結果であり、それによって、赤面はそもそも我々の創造主によって作られたと思われるのである。[68]

ベルと異なり、バージェスはすべての人種が赤面すると考えたようだが、「アメリカの野蛮人」は「恥や不名誉の衝動」しか持たないと見ている。文明人はこれに加え、疲弊した感受性を持ち合わせるが、それは実のところ、「道徳本能の純粋な例」からの逸脱――「病的感受性」、「道徳的感受性が不自然な状態、または乱れた状態」[69]――にすぎない。後者による赤面は、したがって、道徳心の逸脱のしるしとなる。その原因を、高度な文明や教養がもたらした神経過敏、または、幼い頃に受けた間違った教育に帰している。

別の言い方をすれば、偽の感受性がもたらす偽の赤面は「文明の病」――当時、最先端の文明を謳歌したイギリス人が患いそうな、わけても教養ある中産階級以上の人々が多く患いそうな病――である。さらに、この病の解釈には性差があった。若い女性の赤面は「美しい」と考えられたが、成人男性の赤面は、「男性社会では、欠点と見なされているようだ[70]」と指摘している。内科医である彼は、これを治療しようとした。彼は結論章、「病的感受性から起こる精神情緒の、道徳及び身体治療」に著作全体の約一割（二〇ページ）を割き、心理療法から運動療法まで幅広く提案している。本物の赤面は神の意図（で下された懲罰）によって人を善に向かわせるが、偽の感受性は人の手によって本来のあるべき姿に戻すことができると考えたのである。

生理学的には、赤面はどのように起こるのだろうか。バージェスは、身体の中で、特に頬が赤くなる理由を次のように推測している。宗教や気候に関わらず、顔は他の部位よりも外気に晒されることが多い。そして、通常、外気は体温よりも低いので、晒された部分に血液がより多く流れ、放熱しようとする。解剖学的にも、頬には他の部位よりも、血管が多く配置されている。また、顔には他の部位よりも速く反応する可感性があるようだ。これらの結果、頬には恒常的に血液が多く流入し、この部分の動脈は拡張しやすくなり、緊急時に他の部分よりも血液で充たされやすくなる。[71] そして、このように特異な身体の生理を、「なんらかの賢明な目的のためにつくられた」[72]と考えた。つまり、生理学的にも、赤面には神が定めた目的があるのだ。

バージェスによると、赤面は1．理性や理解に関わる脳神経が道徳違反に対する罪の意識や羞恥心に刺激され、2．それに意志の支配を受けない身体組織（心臓、顔面の血管等）が感応した結果、生起する。[73] 赤面は、羞恥心を感じ取る高い精神（人間だけが神から授けられた道徳意識）と、意志を介さず、それに同調する人間特有の身体機能の働きで生起すると理解したのである。彼は、脳、神経、心臓、血管のいずれも、「意志から独立している」、「意志の支配を受けない」と主張することで、「いかなる人も赤面を自発的に作り出すことはできない」ことの解剖学的、神経学的根拠を用意している。さらに、赤面は「心臓の働きとは独立している」と主張する。血液はもちろん、心臓から全身に送り出されるわけだが、顔面の毛細管は顔色の表出と放熱のために、体の他の部位と異なる配置が定められ、また、身体の部位間の交感は吻合や解剖学的根拠を求めないと考えた。[74]「[顔の]赤味は神経作用によって毛細管上に生じ、心臓はそれ自体、同時に交感作用に従事する」[75]と、述べている。バージェスの理解では、感覚器官と心臓、血管、神経は偶発的にしか関係しない。

さらに、バージェスは赤面から読み取りうるキャラクターを具体的に語っている。

社交の場面で、個人の頰に赤面が広がるのを見ると、即座に我々の同情心がかき立てられ、どういう訳か、あたかも自分自身に関係することのように感じる。このように明らかにされた情動が刺激された状態、すなわち、一般に若さに付随する極度の感受性、生来の慎み深さと小心は、我々にその相手に対する好感情を抱かせ、我々のよりよい本性に訴え、似たような場合に他者から要求されたことがあるかもしれない同情心を確実にするのだ。[76]

「若さに付随する極度の感受性、生来の慎み深さと小心」によって取り乱した人に対し、他者は「どういう訳か」、大いに同情する。バージェスにとっても、赤面は（上記の場合、明らかに偽の感受性による偽の赤面であるにもかかわらず）他者と一体化する情動表現であった。しかし、赤面が若い女性の「清らかさやイノセンスの試金石」であるとする意見には異議を唱えている。
些細なことで赤面する若い女性を客間で見ることは大変興味深い。赤面は美しさの魅力を常に高めるからである。そしてそのために、清らかさとイノセンスの試金石と考えられている。娘に甘い多くの親たちは、色白のチェルケス人に対するイスラム教国の君主の意見と一致することだろうし、それを娘たちの財産のように思うだろう。しかし、道楽者や娼婦も、もっとも清らかで徳の高い人と同様に激しく赤面するので、清らかさやイノセンスの証左にはまったくならないと思う。(77)

「色白のチェルケス人に対するイスラム教国の君主の意見」とは、赤面する女性奴隷の方がそうでないものよりも、高い値段がついたとする、イギリス人女性旅行家の情報に基づいている。(78)若い女性の赤面は性的・道徳的価値として珍重されたのだ。しかし、バージェスはこの手の赤面を「疲弊した感受性」が引き起こす現象とみなした。

自然神学を信じるベルやバージェスにとって、赤面は神が人間に特別に授けた崇高な表情であり、人が他の動物とは別個に創られた証だった。これは生理的メカニズムの説明や表情の起源に関する見解だけでなく、ジェンダーや美（若さ、女性の性的魅力）、人種（肌の色と階層）など、文化的・政治的要素を交えて語られた。二人の研究を精査したダーウィンは、これらすべてに言及し、考察を加えている。その内容と社会的意義を第一章で論じる。

3　女性と赤面

歴史的には、赤面はどのように把えられてきたのだろうか。赤面には著しい男女差と、人種差があると信じられていた。男性に比して、女性は、理性の力ではどうにもならない赤面を生起しがちであるとする観察は、アリストテレス（前三八四～前三二二年）まで遡るようだ(79)。そして、遅くとも一七世紀初頭までには、赤面は女性の精神的、身体的魅力とほぼ同一視されるようになっていた。『心の情熱』（一六〇一年）を著したトーマス・ライトは、女性の赤面に「紛れもないシグナル」を見いだし、「議論の余地はないが、説明不可能なあいまいさに惹きつけられた(80)」と、述べている。

一八世紀になると、感受性重視の風潮を受けて、人の気質の捉え方に変化が生じた。それまでの体液（bodily humours）に代わり、神経組織から測られるようになったのである。その結果、男女はそれぞれに特徴的な気質を作り出す、固有の神経組織を有すると信じられるようになった(81)。それまで女性は、「未完成な男性」と捉えられていたが、生まれながらに男性とは別の気質を有する、異なるものと認識されるようになったのである。具体的には、男性が理知的であるのに対し、女性は感覚的で、繊細な感情を持つことである。さらに、一八世紀末になると、美学と人種の議論が交差し、「雄弁な白」と「寡黙な黒」の対比がなされるようになる。白人女性の肌は感情の変化に敏感に反応するために、黒人の肌より優ると考えられた[82]。たとえば、次のように説明された。

色味の変化、グラデーションや組み合わせは、視覚のもっとも高等な楽しみである。黒は完全に単調だ。人の顔色という特殊な例では、ほとんどの場合、女性であるが、柔らかな情動と感覚から起こる変化がとりわけ素晴らしい。色に関して、面に現われる効果と（中略）、精神の内なる感覚からの両方がある。しかし、エチオピアの詩人は女性について、次のようには言えないだろう。（中略）彼女の純粋で雄弁な血は頬で語り、あまりに巧みなので、彼女の身体が思考したと言いそうになるかもしれない[83]。

白い肌は、その下にある血管や神経組織の微細な変化を表情として面に鮮明に映し出す。この変化の多様性は豊かな感受性の証と解された。白い肌は、豊かな感受性を有する繊細な内面の存在を約束するとともに、そこへのアクセスを可能にするのだ。特に、自分の意志でつくることができない赤面は、若い女性の「純粋で雄弁な血」が「頬で語」る、つまり、内面の真実を暴露すると信じられたのである。

もう少し具体的に示そう。ロマンチシズム時代の小説、説教集の中では、「慎み深い女性に対する賛辞で、赤面に言及しなかったり、顔色のつかの間の変化と、女性の美徳や魅力を結びつけないものはほとんどない[84]」という。たとえば、説教集、『父から娘たちへの遺産』（一七七四年）の中で、著者、ジョン・グレゴリーは次のように述べている。

女性のキャラクターで主な美の一つは慎み深さ（modest reserve）であり、遠慮がちな優美さだ。それは人目を避け、賞讃の眼差しにあってもまごつく。（中略）少女が赤面しなくなったら、彼女は美のもっとも強力な魅力を失ったことになる。それが示す極度の感受性は我々男性にとっては弱点で、妨げになるとしばしば感じるが、女性の場合は特に興味をそそる。哲学者を自認する学者ぶった人は、なぜ、女性は罪を犯していない事を意識すると赤面するのかと尋ねる。欠点がないという罪を冒す時に、自然があなたに赤面させ、そのために我々はあなたを愛さずにはいられないと言えば充分だろう。赤面は罪に付随するものとは到底考えられず、通常、イノセンスの伴侶である。(85)

繊細な感受性が生み出す「慎み」と「イノセンス」は、女性の「主な美〔徳〕」と捉えられている。この美徳は「遠慮がち」で、「人目を避け」るので、普段は心の中に秘められているのだろう。赤面という情動表現を通して、一瞬、顔に表示されることで、他者の感知するところとなる。それゆえ、赤面は彼女がこの美徳を所有していることの、ほとんど唯一無二の証拠となるのである。ところが、男性の場合、極度の感受性は「弱点で、妨げになるとしばしば感じる」と表現され、負の価値しか示さなかったようだ。

慎み深さや心の清さ、異性に対する服従などを女性らしい美徳と捉える感性が、家父長制に根ざしていることは間違いない。これらの性質は、家庭と職場の分離が進行した一八世紀後半以降、特に、中産階級の人々に重視されるようになった。「性的分業」のコンテクストでは、家庭は女性の領域であり、外の世界の対極にあるプライベートな空間で、安心と慰めを提供する聖域である。愛と訓育を約束し、高い道徳心を呼び覚ます場所である。一方、男性が日々の糧を得るために、また、社会的地位の向上を目指して、職場という「道徳的に汚染された」場所で行う経済・社会活動は、その代償として、道徳心の低下とすさんだ人間関係をもたらした(86)。それを修復する場が家庭であり、その役割は家庭を司る女性――妻や娘――に期待された。これを示す証拠はたくさんある。ある若い医師は未来の妻に「心の看護婦になってほしい」と頼んだ。一八三七年のことである。当時、彼は大都市にあった外科病棟に勤務していた。リーズで内科医をしていたジョン・ヒートンは、しばしば「気持が動転したり、腹を立てることもあるし、人間が嫌いになる」と認めた上で、妻のファニーに次のように求めた。「やりたい時にはいつでも、私に『説教』をして、あなたの善良さの幾ばくかを私に教え込み、いくらかでもあなたのようになれるようにしてほしい(87)」。工業化以前には、中産階級の家庭においても、妻の役割は夫の「協力者」として経済活動をともに行うことだった。代わって、道徳的役割が重視されるようになったのである。赤面によって示される女性の美徳は、イデオロギーの領域から、中産階級の生活を営む上で女性に必要とされたキャラクターへと有効領域を広げていったのだ。

もっとも、慎みやイノセンスのこのような解釈に異議を唱える者がいなかったわけではない。メアリ・ウルストンクラフト（一七五九〜九七年）は『女性の権利の擁護』（一七九二年）の中で、「伏し目、バラ色の赤面や内気な優美さは若い盛りにはふさわしい。しかし、慎みは理性の子供であるために、熟慮によって調節されていない感受性と長く共存することはできない[88]」と指摘し、若い女性の頬を染める赤面に永続的な真の美徳と呼べるようなものはないと主張している。別の箇所では、人は少女の顔に「快活さと内気な慎み」しか見ないが、若い盛りを過ぎれば、そんなものよりも彼女の顔に「より深い思慮」、「情熱の痕跡」や「キャラクターの個性[89]」を求めるようになると、手厳しい。総じて、「イノセント」は子供が持つ性質であり、「この形容詞句が男性や女性に用いられる場合は脆弱の丁寧な言い方にすぎない[90]」。貞節を守る唯一の美徳は「清らかな心」、または、「純粋な繊細さ」であり、これはイノセンスよりも高貴で、「無知による媚ではなく、繊細な熟慮である[91]」と彼女は考えた。

思想家、バーナード・マンデヴィル（一六七〇〜一七三三年）も、異を唱えた一人である。彼は慎みを「習慣と教育の結果」と考えた。『蜂の寓話』（一七一四年）の中で、乙女が赤面する心理を次のように説明している。

だから、まだうぶな乙女がいる前でいかがわしい言葉をのべると、彼女は、だれかにその意味がわかっているのだと思われるのではないか、その結果、まだなにも知らないのだと思われるのを望んでいるけれども、これもあれもその他少なからずわかっているのだと考えられるのではないか、と心配なわけである。彼女が以上のことをよく熟考し、どう思案してみても不利になるとき、いわゆる恥辱と呼ばれる情念に襲われる。そして、なにが原因にせよ、彼女が罪だと考える上で暗示したような一連の思いのなかに彼女が投げこまれるとき、たとえそれが下劣とはまるでかけはなれたものであっても、彼女の慎みがつづくかぎり、とくに男性の前では下劣さと同じ結果を生むであろう(92)。

マンデヴィルによると、赤面は単なる無垢の表示などではなく、自意識との葛藤から起こる。そして、それは他者の感情や評価に対する社会的反応でもある。イエーゼルによると、エチケットブックの著者たちはまさにこの点で、赤面を称揚したという。つまり、慎み深い女性の赤面は、彼女の貞節の「番人」、または「盾」として機能すると考えたのである(93)。しかし、絵画では、赤面する女性があまりに多く描かれるようになったので、一八〇〇年ごろには風刺の対象にすらなったという(94)。限定的にせよ、女性の赤面は、他者の心に過度の感動を引き起こそうとする感傷癖、あるいは、使い古された文飾のように思われ出したのかもしれない。

代って、経験科学的な思考が感情の文化に忍び込んでいった。ヴィクトリア朝期に入る頃までには、男女の能力と性質は補完的で正反対であるとする考えは、骨相学の推断によって、客観性すら帯びていったのだ。アレグザンダー・ウォーカーは著書、『女性の生理学的考察、精神、道徳、結婚、婚姻における奴隷制、不貞と離婚に関して』（一八四〇年）の冒頭で、男女の双子の頭蓋の大きさの違いに注目し（男児の方が僅かに大きい）、次のように結論している。「大脳の性、精神の性がある。女性においては、大脳全体と知的機能は出生時においてさえ、男性より劣るが、感覚器官は男性よりも大きく、広い額、より強力な知覚機能を有す……」[95]。このような身体組織の大きさの違いから、すでに赤面に結びつけられていた情緒――慎み、内気、恐れなど――は、改めて女性に特有と考えられるようになったのである[96]。

性の補完性は性淘汰理論によっても、バックアップされた。チャールズ・ダーウィンは、著書『人間の進化と性淘汰』（一八七一年）の中で、男性は競争を好み、それは野心を導いて、容易に利己的になるという欠点があると指摘する。一方、女性は男性よりも「直観、素早い認知、模倣の能力」で優れているが、「少なくとも［その］いくつかは、野蛮な人種の特徴なので、過去においてまだ文明が低かった状態のものであるかもしれない[97]」という。総じて、知的能力ではいかなることでも――「深い考え、理性、想像力を必要とするものであれ、単なる感覚と手の動きを必要とするものであれ、どんな仕事においても」――男性は女性より優れている[98]。このような男女間の差異は、雄の間で何世代にも亘って繰り広げられてきた、雌の獲得を巡る競争によって生じたというのだ。雌を獲得するためには、雄は単に力が強いだけでは不十分で、「勇気、忍耐、強い意志の力」が必要であろう。社会的な動物では、獲得した雌を維持するために、常に新しい戦いを受けて立たなければならない。人間の場合、これらに加え、生存するために狩りをしなければなるまい。これらに必要な「さまざまな能力は、このようにして常に試練にさらされ、成人男性の間での強い淘汰にさらされてきたであろう。しかも、それは、人生のこの同じ時期に、特に使用によっても強化されてきただろう。そうであるとすると（中略）主に男の子だけが対応する時期にそれを受け継ぐ傾向があるかもしれない。(99)」と、彼は推論した。男女別々の身体機能や心的能力は性淘汰によって変容されたり、強化されると考えたのである。

だが、次のことも忘れるわけにはいかない。赤面は性的でもあった。それはいわば「性的な身体の芸術」であり、異性関係を表現している。(100)エチケットブック『美徳の鏡』（一八一一年）は、「慎み深い赤面が可愛らしい少女の頬を豊かに染め上げ、香しくほとばしって、内面の無垢を見抜く真の証人たることを感知しない人、賞讃しない人がいるだろうか(101)」と述べ、この情動表現が喚起させる異性愛のニュアンスをほのめかしている。著者は別の章で再びこの話題を取り上げ、次のように絶賛している。「おずおずした、内気な歩み、伏し目、様々に変わる顔色、『じっと見つめられて赤面する彼女！』、これらすべては、この種の女性のものだ。それらは真に女性的で、あまりに愛らしいので、完璧な女性美と対をなすものとして、精霊を思わずにはいられない(102)」。赤面はセクシュアリティーに対する慎み――『じっと見つめられて赤面する彼女！』――とも、捉えられたのである。そのためになお一層、異性の関心を引き寄せたのかもしれない。

男性の崇高な「理性」に対して、女性の「感覚」、そして「慎み」。後者は動物的特徴を未だ留めているようだ。思わず頬を赤らめることは、ヴィクトリア朝期には、文化的、社会的、生物的に、ますます女性らしい身体表徴になっていった。本論で考察するように、赤面は中産階級の女性に求められたキャラクターとの連携を強め、この階層の中で一層内在化されていく。第二章では、赤面と女性らしい美徳の理想的な関係を、チャールズ・ディケンズ作、『バーナビー・ラッジ』（一八四一年）に登場する若い女性登場人物、ドリー・ヴァーデンに求める。ダーウィンの赤面論とともに、前節で指摘したタイプの視点を踏まえて考察することになろう。

赤面が女性にとって極めて重要な表情だったのは、容貌の評価にも深く関わったからである。『美徳の鏡』の著者は、若い女性の赤面を「完璧な女性美」と称えていた。魅力的な美しさとは、「道徳的価値と純粋さに結合した、考え深い表情のもっとも好ましい変化を焼き付けられた顔」[103]である、などの精神を強調する主張も、当時の観相学書には頻繁に見られる。中には、トマス・ウルノスのように、「抽象美」、「表情を伴った美」、「表情、知性を伴った美」の差異をイラスト付きで解説する者までいた（図 intro-4）。彼によると、「抽象美」（図左）には「名状し難い何かが欠けており」、全体に弱々しく、せいぜい「感じの良い空虚さ」を示すにすぎない。「表情を伴った美」（図中央）には力とバランスが現れ、これに知性が加わると、「顔の表情に意味と意図がはっきり与えられる」[104]（図右）という（もっとも、観相学者ではない現代の我々が差異を見極めるのはほとんど無理だと思うが……）。ウルノスは観相学者兼、ヴィクトリア女王の常任彫刻師である[105]。このような解釈は、高尚な精神は美しい表情となって現われ出る、とする観相学の考えに基づいていた。

生物学では、女性の美しい身体は高い精神の表現であるのみならず、身体が完全で、健康であり、

図intro-4　「抽象美」,「表情を伴った美」,「表情，知性を伴った美」

それゆえ生殖に適していると理解されたという。[106] ダーウィンも『人間の進化と性淘汰』の中で、「文明人の生活では、男性が妻を選ぶときには、それがすべてでは決してないが、女性の外見は大きな影響を与える。[107]」と認めている。

要するに、女性の赤面は精神美——表情美——容貌の美しさの三つの美に関わり、魅力的な赤面とは、これらが整っていることの証であり、完全な美と同義であった。ヴィクトリア朝の女性たちはこれを手に入れるために懸命に努力した。聖書でも読んで、心をきれいにすることからはじめただろうか？　そのようにした女性もいただろうが、資料が示すところでは、女性たちはもっと即効性のありそうな手段に頼った。戸外での運動（エクササイズ）、節食（ダイエット）、そして、モノを使って、その実現を試みたのである。これらの実践的な試みを、第三章、四章、五章で考察する。

モノの消費に関して重要なことは、特に、ヴィクトリア朝中期と呼ばれる一八五〇年ごろから七〇年代前半において、中産階級の経済力が増大し、それが生み出した新たな消費意識が推進力になった点である。この時期に、彼らは一人当たり一〇〇ポンドも収入を上昇させたとさえ言われている。物価上昇率はたったの一六%だったから、収入の伸びがはるかにそれを上回り、多くの家庭で可処分所得が生じた。(108) 彼らはモノを買い漁るようになり、客間は象眼模様を施した高価な宝石箱から海辺で拾った貝殻に至るまで、モノで埋め尽くされていったのである。

中産階級の女性をターゲットとした美容関連商品の多くは、美の獲得は浪費ではなく、むしろ義務であると訴えている。例を一つ挙げておこう。図intro-5は美容書、『淑女の衣装部屋』（一八九二年）に掲載された鏡の宣伝である。三面鏡ならぬ、この七面鏡を使えば、女性は正面だけでなく、横顔、うなじの整い具合まで、侍女の助けを借りることなく確認でき、イブニングドレスにふさわしいヘアスタイルや容貌を思いのままにアレンジすることができた。鏡は折りたたみ式なので、「開いていないときは普通のドレッサーのように見え」、「化粧品、宝飾品類のための充分なスペースがあり、専売特許のゼンマイ錠で自動的に、確実に閉じる」という。侍女を雇う経済的余裕のない女性にとって、この上なく便利な商品である。彼女たちは最新の技術を楽しみながら、手狭な私室をすっきり見せることさえできた。雑多な化粧品類はドレッサーの中にしまい込めばよかったからである。値段は鏡単品で五から一〇ポンド、机とセットになったものが七ポン

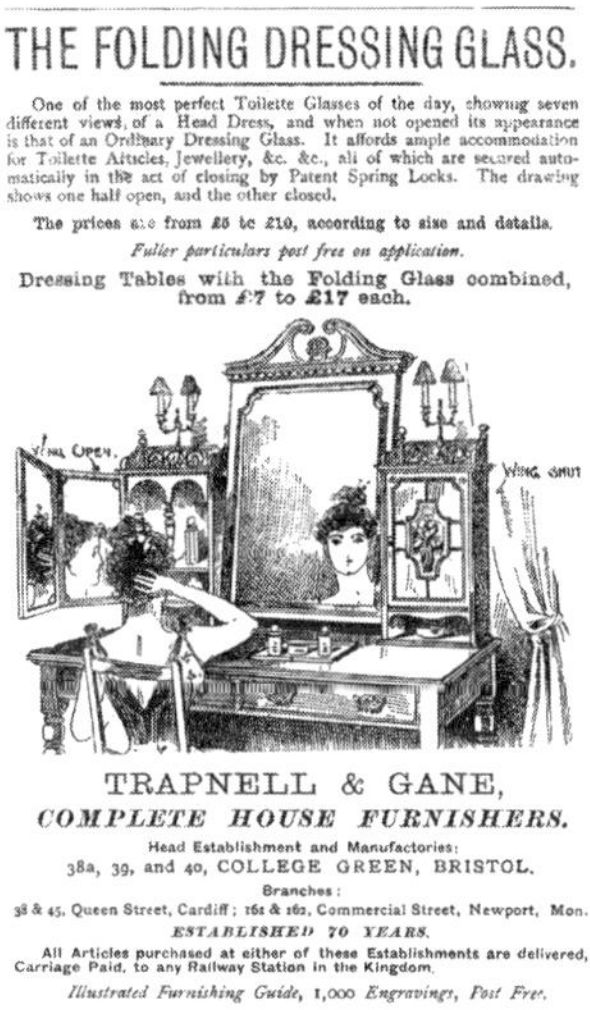

図intro-5　鏡の広告（1892年）

ドから一七ポンドである。一七ポンドは、上質のイヴニングドレス一着分の価格といってよいだろう。この大変豪華に見える七面鏡──折りたたみ式の鏡の上にはランプが一対ずつ付き、前面には飾り彫りがはめ込まれている──は、彼女たちが称揚した「上品な装備」（paraphernalia of gentility）[109]そのものである。この素敵な必需品を使って、女性たちは鏡に映し出された自分の容貌を仔細にチェックし、多量の化粧料の助けを借りて、美しくなることを期待されたのだ。

ところで、女性たちが美しい赤面をつくることに格闘していた間、男性たちは何をしていただろう。最終章では、女性に求められた情動規範との比較として、男性の赤面を考察する。興味深いことに、彼等の赤面は「病気」として扱われることが多かった。

＊　＊　＊

このように、一九世紀の人々は顔に、表情に、特に女性の赤面に、魅惑されていたのである。深い情緒や真のキャラクターは、そう簡単に明かされるものではない。現代人同様、当時の人々もこの認識を持っていた[110]。それでもなお、彼等はこの不可解な表情──自分でつくることも、止めることもできないのに、心の中の深い何かを表すように見える──を理解するために、全知を集めて努力した。この営みの一つ一つが、ヴィクトリアンの心性の貴重な記録である。赤面を考察することは、彼等の特異な心の働きを探求することに他ならない。

考察を進めるにあたり、本書が使用する資料について述べておく。観相学書の他、生理学、医学、植物学に関する研究書、小説、絵画、イラスト、ファッション誌、化粧品や生地の広告である。このように資料が多岐に亘るのは、当時の人々の感受性の産物を多角的に拾い集めるためである。小説を含めたのは、ラーヴァター以降、観相学的な観察が小説に顕著に現われるようになったからだが[111]、赤面の解釈には、特に有効と思われるからでもある。『語る、顔色』（一九九七年）の著者、マリー・アン・オファレルによると、小説のディスコースでは、赤面はそのつかの間の物質性で言葉を補い、身体とキャラクターを判読可能にすることを暗黙裡に約束するという。さらに、登場人物のアイデンティティーや中心性へと変換されることを手助けするという[112]。赤面は自己表現の行為であり、肉体の告白なのだ。それは瞬間、瞬間の情緒を示すのみならず、登場人物の、おそらく簡単には露見しないだろう真のキャラクターを探り当てるのに役立つだろう。

一方、絵画やイラストの使用には制約を設けた。メアリー・カウリングによると、観相学の実践において、絵画は文学と同程度に重要な地位を占めたという。人々はエドワード・リットン（一八〇三一～九一年）やブロンテ姉妹（シャーロット：一八一六～五五年、エミリー：一八一八～四八年、アン：一八二〇～四九年）の作品を読む時と同じように、W・P・フリスが描いた「ダービーの日」（一八五六～八年）や「駅」（一八六二年）に描かれた人物の容貌、表情、態度、服装を熱心に観察し、キャラクターの「タイプ」（観相学的に類別可能な）を類推したようだ[113]。画家がこの期待を裏切ると、批評家から酷評されたという[114]。だが、赤面はどうだろう。慎みや狼狽の動作と組み合わせることで、画家は赤面を示すことができるかもしれない。しかし、多くの場合、一過性であるこの表情をキャンバス上に固定してしまうと、描かれた頬の赤味は顔色の問題（血色の良し悪し）なのか、それとも表情（赤面、または、興奮等による顔面紅潮など）を表そうとしているのか、わからないのである。[115]
したがって、本書ではコンテクストが明瞭な場合に限って使用することにする。

第一章　赤面を科学する

――チャールズ・ダーウィン『人、及び動物の表情について』(一八七二年)

1　著作の成り立ち

自伝によると、ダーウィンの表情研究は一八三〇年代末まで遡るようだ。最初の子供、ウィリアムが三九年に生まれると、彼は直ちに息子の表情を観察しはじめた。その理由を「生まれたての時でさえ、もっとも複雑で繊細な陰影のついた表情はすべて、漸進的で自然な起源を持つに違いないと確信したから[1]」と、述べている。つまり、情動とその表現は、人に生得的であるが、当初は学習によって習得され、後の世代に遺伝したと考えたのである。翌、四〇年にチャールズ・ベルの表情研究書、『芸術に関する表情解剖学、及び哲学』を読むと、表情研究への興味はさらに高まった。

しかし、ベルの「様々な筋肉は表情のために特別に創られた」とする考えには「全然賛成できない」(2)と書き残している。

それから約三〇年後の一八七二年に、ダーウィンは『人、及び動物の表情について』を上梓した。前年に出版した、『人間の進化と性淘汰』（一八七一年）のいわば情動研究編としてである。(3)『人間の進化と性淘汰』は、『種の起源』（一八五九年）で扱いきれなかった人の進化と性淘汰を中心に論じている。当初、ダーウィンはこの一部に『人、及び動物の表情について』を組み込む予定だったが、一冊に収めるには量が多かったので二冊に分けたという。(4)後続書の目的は、進化論が人の情動とその表現にもあてはまることを示すことだった。具体的には、下等動物から人に至るまで、情動とその表現方法には連続性があること、さらに、それらは人種共通であることを示すことで、動物はすべて、共通の祖先から派生したことを示唆することである。また、上記のベルの見解に対する感想からもわかるように、「種は、もちろん人を含め、現在の状態のままで発生したと堅く信じている」(5)自然神学者を駁論することだった。

「神の意図」の代わりに、彼は進化に関する三つの原理を提案した。1．有用な連合性習慣の原理　2．反対の原理　3．最初から意志と独立した、ある程度習慣からも独立した、神経系の構造による動作の原理である。(6)いずれも、情緒や感覚の影響によって、人と動物の両方が自らの意志とは無関係に作り出す表情や身振りを説明するものとしている。赤面は以下に示す、第一の原理にあてはまる。

ある複合動作は特定の心の状態では、ある特定の感情、欲望などを軽減、もしくは満足させるために直接、または間接的に有用である。したがって、たとえ微弱であっても、同じ心の状態が引き起こされる時はいつでも、習慣と連合の力によって、同一の運動が効用の有無に関わらず、実行される(7)。

「習慣」と「連合」という言葉に注目しよう(8)。ダーウィンによると、「もっとも複雑で困難な動きを少しも努力せずに、または、意識せずにできるようになる」のは、「習慣の力」のおかげである(9)。これは次のように考えられた。個人の注意が強く向けられた動作は、それが繰り返され、習慣化するうちに、意識を介さない反応になり、後の世代に受け継がれるようになる。それはやがて種全体が共有する「受け継がれた習慣」、つまり、本能になるというのだ(10)。「連合」とは、ある動作や感覚、感情が同時に起きたり、連続して生じる場合、それが頻繁で強いと、結合するようになる。後に、これらのどれか一つだけで、他の動作なり、感覚、感情も呼び起こすようになる(11)。こうして確立した一連の運動は、「効用の有無に関わらず、実行される」ようになるのである。この連合性習慣の原理により、次の二つのことが証明可能になると彼は考えた。1．情動とその表現方法は遺伝する、2．「効用の有無に関わらず、実行される」ので、神の意図による表情の合目的性に反論できる。

彼が表情観察の対象にしたのは、次の六項目だった。幼児、狂人、デュシエンヌ・ドゥ・ブローニュによる電流刺激による顔面筋の収縮実験、芸術作品、一六項目に及ぶ表情に関する質問表、一般的な動物、である（赤面の観察に使用されたのは、質問表、幼児、狂人の三項目）。「質問表」は、表情と身振りが人種共通であることを確かめるために、本国、及び大英帝国の宣教師、植民地行政官、動物園の飼育係、保護施設の責任者に送られた。特に、西洋人との接触が少ない人種の表情を重視したようだ。赤面に関わる質問は次の一項目である。「羞恥心は皮膚の色に見られる場合、赤面を起こしますか。特に、赤らみは身体のどの辺り下部まで及びますか」[12]。

当然のことながら、ダーウィンは多くの先行研究を精査している。「序」によると、ベル、バージェスの他、デュシエンヌ・ドゥ・ブローニュ（一八〇六～一八七五年）、ルイ・ピエール・グラチオレ（一八一五～六五年）、セオドア・ピデリット（一八二六～一九一二年）、アレグザンダー・ベイン（一八一八～一九〇三年）、ハーバード・スペンサー（一八二〇～一九〇三年）などを主に参照したようだ[13]。しかし、スペンサーを除くと、彼等は皆「種は、もちろん人を含め、現在の状態のままで発生したと堅く信じている」ので、進化論を援護することにはならなかった。スペンサーからは、「いかなる動機によっても導かれない神経力の流出は、明らかに、最初もっとも慣れた通路を辿り、それで足りない場合は、次に慣れている通路を辿る」という法則を笑いの生理学から得て、「我々の問題の解明にもっとも重要である」[14]と述べている。ディクソンの指摘によると、ダーウィンは「強い感情は精神的であれ、肉体的であれ、笑いの一般的な原因だが、それを構成する筋肉の活動は、目的がないことによって、他の大多数と区別されることに注意しなければならない」というくだりにも衝撃を受けた。彼は「目的がない」の部分に下線を引き、論文の余白に「怒りや強い悲しみの半狂乱の身振りもそう」と書き込んだという。(15) 後に見るように、ダーウィンは赤面にも、「目的がない」ことを見いだすのだった。

赤面を扱った章、「自己注意―羞恥心―はにかみ―慎み―赤面」では、バージェスの観察に特に多くを負っている。(16) たとえば、赤面した時の精神状態をバージェスは次のように説明しているが、ダーウィンはこれをほぼそのまま利用した。

大いに混乱し（great mental confusion）、目は活気がなくなり、近くにいる人を見ることができない。顔つきはいつもの動きを失い、いかなる容貌も垂れ下がるようだ。つまり、精神が顔に表れようとしている情緒を他者の凝視から隠すように頭をうなだれるのである。(17)

ダーウィンも、赤面は精神が「混乱している」（confused）状態で起こり、人は「平静を失い、目立って不適切なことを口走る。困り果ててしまい、吃り、不器用な動きをしたり、奇妙に顔をゆがめる」と述べている。また、「非常に恥ずかしいと感じる場合には、隠したいと強く願う。我々は身体全体、特に、顔をなんとかして隠すように背ける」(18)、などとも書いている。

ダーウィンの赤面論を考察する上でもう一つ重要なことは、彼の道徳観念（moral sense）の理解である。ベルやバージェス同様、彼も道徳観念を人間の本性でもっとも優れたものと考えていた。『人間の進化と性淘汰』の中でも、人間を「道徳的存在」と呼び、「下等動物に、それ［道徳的行為」をする能力があると考えるべき理由は一つもない[19]」と述べている。だが、ダーウィンは、道徳観念を神が人間にだけ授けた特質ではなく、進化によって漸次習得した本能と捉えた。その発達は、次の四段階で構成される。まず、「社会的本能は、動物に、仲間といっしょの社会にいることに喜びを感じさせ、仲間に対していくらかの共感を抱かせ、彼等に対して様々な奉仕をさせるように導く」。次に、精神が発達すると、「各個体の頭の中には、過去の行為や動機のイメージが絶え間なくよぎるようになる」。永続的で、常に存在する社会的本能が、一時的には強くとも、常に存在するわけではない本能に負けた時には、不満足感をいつも残すようになる。第三段階として、言語能力が獲得され、「同じ社会に属するメンバーの要求がはっきりと表現されるようになったあとには、公共の善のためにそれぞれが何をするべきかに関する共通意見が、当然、行動の指針の大部分をしめるようになる」。最後に、「個体の習慣が個体それぞれの行動指針に大きな役割を果たすようになる」という[20]。

道徳観念の進化では、個よりも「集団の一般的な善[21]」が優先される。そして、第三段階以降では、知性が重視される。このことは、「よく発達した社会的本能を備えた動物ならば、それがどんな動物であれ、その知的能力が人間のそれと匹敵するほどに発達すればすぐに、必然的に道徳観念または良心を獲得することになるだろう[22]。」という記述からも窺われ、特に、人間の精神の発達に重要な役割を果たす[23]。最終段階では、習慣が洗練され、共感の対象が拡大する。

人間の知的能力が徐々に進み、自分の行いの結果をもっと先まで見通すことができるようになるにつれ、よくない習慣や迷信を退けるのに充分な知識を持つようになるにつれ、自分の仲間の生活だけでなく、その幸せまでも考えるようになるにつれ、習性、有益な経験、教育、お手本などから、共感がもっと慈愛に満ちて広く適用されるようになり、すべての人種の人間や、知能が低かったり障害があったりして集団のためには働けない人間にも拡張され、最後には下等動物にも拡張されるようになり、人間の道徳の水準はだんだんに高くなっていったのだろう(24)。

そして、「道徳的存在」である人間が「到達することのできる道徳文化の最高の段階」とは、「自分の思考を制御し、『過去にあれほど自分たちを楽しませた罪について、心の奥底ですら二度と考えることがない』ようにせねばならないと理解したとき(25)」であるという。克己心や自己抑制がもっとも優れた精神であり、それは知性の発達の助けを借り、習慣の洗練と強化を繰り返すことで、本能になるのだ。

道徳観念の発達は、セクシュアリティーの進化とも深く関わったことをあらかじめ指摘しておこう。参考までに付け加えれば、ダーウィンは性淘汰に関して思い入れが深く、『人間の進化と性淘汰』について次のように回想している。「私はそうすること［人の起源について学術論文を上梓すること］が一層嬉しかった。性淘汰について充分に議論する機会が与えられるからであり、私はそのテーマに常に大きな興味を抱いていたからである(26)」。

一八六〇年代には、自然神学的な説明は解剖学者の注意を引くことはもはやなかったとする意見もあるが、(27) ダーウィンが見たところでは、この考え方はまだ勢いを保っていた。にもかかわらず、「人間はある下等な動物から派生した」(28) と主張する『人、及び動物の表情について』は好評で、(29) 出版日当日だけでも五千部以上がはけたという。(30)

2　神の介在しない情動表現

（1）　他の情動表現との違い

ダーウィンは「赤面」章の第一文で、「赤面はすべての表情の中でもっとも特殊、かつもっとも人間的なものである」(31) と言い切っている。続いて、「影響を受けるのは［肉体ではなく］精神である」と、この情動表現に於ける精神の役割を強調した。まず、このことについて考えてみよう。

「影響を受けるのは精神である」と彼は主張したが、これは赤面の特徴であると同時に、他の情動表現との決定的な違いでもあった。彼は、「赤面を物理的に起こすことはできない」と言う。「笑いは肌をくすぐることによって、泣いたり、しかめっ面は殴ることで、震えは痛みによる恐怖でもたらされる」が、「身体上のいかなる行為」(32) によっても赤面を引き起こすことはできず、赤面はもっぱら血流量の増大による変化であると述べる。そして、赤面を唯一、顔面筋の収縮によらない情動表現と考えた。他の情動表現、たとえば「上機嫌」や「陽気」は、「実際には、微笑まないかもしれないが、口角が収縮するいくらかの傾向を一般的に示す」[33]と説明する。「愛情」や「優しい気持ち」のように、情緒としては繊細で、表情としても捉えがたいものは「特定の作用線をもたらすことは通常ない」と留保しながらも、「喜び」に類似する情緒に分類し、「一般に、穏やかな微笑みを生じさせ、眼が幾分輝く」[34]と、顔面筋の動きから特徴を捉えた。これに対し、赤面は「影響されなければならないのは精神である」と考えたのである。

もっとも、他の情動表現同様、赤面にも身体の動作が加わることを彼は認めているし、時として、「顔の奇妙な歪み」や「顔が不随意に引きつる」[35]こともあると考察している。しかし、これらの動作は動物が示す基本的な情動とその表現――喜び、愛情、痛み、怒り、驚き、恐怖など――との直接的な連続性から語られることはない。「愛情」や「優しい気持ち」に伴う身体表現（愛する対象に触れたくなる）が、飼い主にじゃれつく犬や猫などの下等動物との類似から示されることと対照的である。また、赤面に伴う動作が他の情動表現に伴う不随意の動作と部分的に一致していることも事実である。しかし、たとえば、激怒した時には体が震えたり、唇が麻痺して思い通りに動かず、「声が喉に引っかかり、大声や掠れ声、耳障りな調子になる」のは、「筋肉組織がまったく違う方法で影響される」[36]場合として説明され、情動の極端な身体表現形態と解釈されるのに対し、赤面に伴う「どもり、不器用な動きや、顔の奇妙な歪み」の原因は精神状態に帰された。さらに、「照れ笑い」のように、意識的に情緒を隠す動作も、顔面筋の動きとして理解される。「あたかも微笑まないようにするために、人が唇をすぼめる時、笑いを誘発するもの、あるいは、意のままにすることを妨げるものは何もない場合であるが、不自然でいかめしい表情、または、物知り顔の表情が与えられる[37]」という具合である。一方、赤面した人はそれを隠そうとして顔を背けたり、あらぬ方向を見るが、赤面自体は抑えようとするとかえってひどくなる。この理由を「自己注意」(self-attention) という心理から理解した。自己注意については、次節で詳しく述べる。

赤面が他のすべての情動表現と異なることは、赤面とよく似た「顔面紅潮」のメカニズムとの違いによっても示されている。顔面紅潮は何か突然、不愉快なことを思い出した時に生起するという。そして、「彼は私をどう思うだろう」という気持ちが心を過るような場合、自己注意の精神作用と関わるので、「本当の赤面の性質を分かち合うこともある[38]」。しかし、ダーウィンは顔面紅潮の本質を顔面筋の収縮による情動表現と見ており、「大抵の場合、顔面紅潮は毛細血液循環が影響されたことによるものか否か、はなはだ疑わしい。怒りや大喜びのように、ほぼすべての強い情動は心臓に作用して顔面を赤くすることを、我々は記憶しなければならないからである[39]」と述べ、注意を喚起している。血液循環の影響による情動表現と、筋肉運動(これには心臓の働きを含む)による情動表現を区別しているのだ。前者は精神作用によって引き起こされ、これが赤面を生じさせると考えた。赤面は「小動脈の筋層の弛緩により毛細管が充血するために」生起し、「顔面を覆う毛細管の系統が恥の感覚で充血するのは、心臓の作用によるものではない[40]」と主張する。

彼が心臓の働きに注目したのは、ベルやバージェスの考察を参照したためと思われる。ベルは

「赤面はあまりに突然で、部分的なので、心臓の働きとして追跡できない[41]」と指摘している。バージェスも、頭、首、顔の毛細管が瞬時に血液で充たされ、赤面するのは、「心臓の働きとは独立している[42]」と述べていた。

ダーウィンはさらに、精神力が依存するとされた頭部の特定部位における毛細血液循環と、顔面の皮膚におけるそれとの交感を示すために、亜硝酸アルミ蒸気の吸引による「偽の赤面」の実験と、癲癇患者の胸部に散在する斑点の刺激実験の結果も報告している[43]（亜硝酸アルミ蒸気を吸引すると、数十秒以内に顔が真っ赤になる）。前者では、「赤面が過度になった場合にのみ、精神が混乱する」と観察し、このことから、薬品の吸入中と赤面中は、精神力が依存する頭部の部位が影響を受ける前に、顔面の毛細管が影響されると考えた。後者では、頭部の特定部位が最初に影響される場合、皮膚の血行が二次的に影響される。これらの結果から、頭部の特定部位の毛細血管循環と顔面の皮膚の毛細血管循環の交感は確実であり、それゆえ、「激しい赤面を引き起こす道徳的原因も同様に、それ自体の平静を乱す影響とは別に、精神の大混乱を引き起こすとしても驚くべきことではない[44]」（傍点引用者）と推論している。これによって、先に挙げた精神の混乱と赤面の関係が明らかになったと同時に、バージェスが主張した道徳違反による「本物」の赤面の信憑性を間接的に損なうことにもなったのである。

ダーウィンの理解では、心臓が何らかの刺激によって興奮し、それが顔面筋の動きとなって表情になる直線的で物理的な変化が顔面紅潮であるのに対し、赤面は精神の動揺と、それを感知する頭部の特定部位、顔面の毛細血管の三領域が習慣と連合によって交感し、頬に可視化される三次元的な現象である。それは意志の支配を受けない、独自の深度を伴った精神作用である。「赤面は不随意であるのみならず、これを抑えようとすると、自己注意によってかえってその傾向が増す(45)」と、彼は述べている。

さらに、その精神作用は人間特有でもある。彼は、「猿は激情のために赤くなるが、どんな動物でも赤面すると我々に信じさせるためには、膨大な量の証拠を必要とするだろう(46)」と述べている。激情（passion）の為に赤くなることは、顔面紅潮である。動物の中でもっとも精神／知能が発達していると思われる猿でさえ赤面しないのだから、これ以下の動物が赤面する可能性は皆無であろう。また、「幼児の精神力は、赤面させるほどにはまだ充分に発達していないようだ。それゆえ、白痴もまた、めったに赤面しないのである(47)。」とも述べ、赤面するためには、成人の知能に達している必要があろうと示唆する。もっとも、幼児が赤面しないからといって、この情動表現が人に生得的であることを妨げるわけではない。彼等も成長に伴い精神が正常に発達すれば、やがて赤面するようになるだろうからである。このことは、赤面を頻繁にする傾向が親から子へと遺伝した事例を示すことで補強されている。猿、精神の発達に歪みが生じた「白痴」、そして、まだ発達途上にある幼児を例にとることで、赤面は正常に発達した成人の精神作用がもたらす表情であることを示したのである。

（2）「自己注意」の序列

では、赤面を引き起こす特異な精神能力「自己注意」（self-attention）とは何だろう。「自己注意」とは、自分の肉体に対する意識である。しかし、単に自分の外観を思案することではなく、他者が自分の容姿に与える評価に対する反応である[48]（したがって、激情とは性質がまったく違う）。自己注意には種類と序列があった。「はにかみ」（shyness）、「羞恥心」（shame）、「慎み深さ」（modesty）の三種類であり、序列については、次のように述べている。「本来、他者の意見に関して、個人の外見に向けられた自己注意が［赤面を］引き起こす原因であり、後に、同じ効果が連合の力によって、道徳的行為に関する自己注意によって起こされたと考えられる[49]」。個人の肉体に関わる自己注意は、連合の力によって、「道徳的行為」にも反応するようになると考えたようである。別の箇所でも、「道徳的行為ではなく、個人の外見に向けられた注意は、赤面の習慣の獲得に際して、基本的要素と信じる理由がある[50]」と述べていることから、自己注意に段階的な発展を認めていることがわかる。

肉体に関する自己注意の中でもっとも原初的なものは、セクシュアリティーに関係するようだ。このことは『人、及び動物の表情について』の草稿、「ノートブックN」に示されている。

赤面は自己の外見を思案することと深く関わる。その考えは晒されている表面、つまり、顔、首、女性の場合は胸の上部に血液を送り込む、勃起のように。はにかみは、確かに自身のことを考えることに関連する。男女はそれぞれ、同性よりも異性にどう思われるかを思案するので、赤面は性と関係する。それゆえ、動物である。[51]

「動物」との関連が明示されている点に注意したい。もっとも、著作では、「動物」、「性」などの表現は使われず、「若い男女は異性の前では、同性同士の場合よりも、比較にならないほど多く赤面する」、「あまり赤面しない若い男性も……少女から自己の容姿について少しでも嘲笑されると、激しく赤面する」、「若い幸福な恋人たちは、何度も赤面して、求愛したにちがいない」、「ティエラ・デル・フェーゴの野蛮人でさえ、主に女性に関して、また、確かに自己の容姿に関して、大いに赤面する」[52]などの表現に緩和されている。だが、これが「羞恥心」に深く関わることははっきり示されている。

原始人は道徳的敏感さを獲得する前に、少なくとも異性に関連した場合には、自己の容姿に対して極めて敏感であっただろう。それゆえ、自己の容姿についてのいかなる軽蔑的批評にも悲嘆したであろうし、これが羞恥心の一つの形である。[53]

「原始人」は、動物界から人間までの間に存在すると信じられていた様々な段階（「猿、類人猿、原始人、野蛮人、白痴」）で、人間と動物との境界上に位置する。ダーウィンは自己注意の起源にセクシュアリティーを想定することで、動物との連続性を一応確保した上で、赤面を実際に引き起こす心理を「原始人」の段階ではじめてその萌芽が認められる羞恥心と定めることにより、この情動表現は進化の過程で人間が獲得した能力であることを示そうとしたようだ。[54]

次に、ダーウィンは、羞恥心は人種を超えて赤面を生じさせる心理であることを示した。このことは、海外の宣教師その他に送った、様々な人種に関する質問表の回答から引き出されている。たとえば、「滅多に赤面しない」と観察される中国人でも、「羞恥心から真っ赤になった」[55]という表現を使うという報告を彼は引用している。「滅多に赤面しない」とは、赤面を生起させる精神能力が低いことを示唆するだろう。にもかかわらず、「羞恥心から［は］真っ赤」になるようなのだ。また、アルビノの黒人の観察結果から、肌の色が大変濃い人種の場合も、羞恥心のために赤面すると結論している。[56]一方、自己注意が赤面を生じさせるほど発達していない場合でも、羞恥心は持っている例をオーストラリアの先住民の観察――「羞恥心のために、彼らが下を向いているところを見た」[57]――から得ている。

ダーウィンは、人種による発達の違いを主に環境のためと考えたようだ。[58]このことは、「ふさわしく赤面するとは言えない」ブラジルの先住民が西洋人との接触や教育によって、赤面するようになったとする報告の分析にも表れている。「赤面する力がこのようにもたらされるとは信じられないが、自己注意の習慣が教育や新たな生活の結果として、赤面する生来の傾向を著しく増加させたのであろう[59]」。原住民は赤面の仕方を西洋人から学ぶわけではないが、西洋式の洗練された生活様式と教育によって、彼らが本来備えている赤面する能力が刺激され、実行されたと理解したのである。人種間の差異を種類ではなく、程度の問題と把えたのである。

ところで、バージェスも「羞恥心」という言葉を使っていたことを読者は憶えているだろうか。彼は道徳意識による赤面のみを「本物」と捉え、罪を犯したことに対する「羞恥心」で人は頬を染めると考えていた。これに対し、ダーウィンは、罪を犯した人はすべてを見通す神に許しを請うだろうが、神への告白や、神の怒りを前に赤面する訳ではないと反論している。そうではなく、「他者が我々に罪有りと考えたり、罪を犯したことを知っていると考える[60]」場合にのみ、赤面するのだと主張する。赤面があくまで他者の評価に対する反応であることは、赤面を頻繁に起こさせる別の例——完全に潔白であっても、何らかの罪を犯したと他者に非難される場合、または、単に他者の非難を想像する場合でも、多くの人は激しく赤面する[61]——からもわかるとしている。また、バージェスによれば、「エチケット違反」による赤面は病的感受性による偽の赤面である。しかし、ダーウィンは道徳観念とは無関係で、「多くの場合、意味がない[62]」としている。代わりに、彼は「罪の意識」や「エチケット違反」によって喚起される自己注意を羞恥心の一部と捉えた[63]。

ダーウィンは、「赤面は顔色の変化があろうがなかろうが、ほぼすべての人種に共通である[64]」と結論する。しかし、それは肉体に対する意識によって引き起こされた羞恥心にほぼ限定されている。要するに、羞恥心は自己注意の最初の子孫なのである。一方、人種共通に持つ心理と捉えることで、進化の過程で人間が獲得した心的能力であることが強調されることにもなった。

次に、「はにかみ」の位置づけを見ていこう。この心理によって生じる赤面には、性差があると彼は指摘する。「多くの女性はこれが原因で赤面し、非難に値することをしてしまったり、本当に恥ずかしいことをした時よりも、百倍も、おそらく千倍も多く赤面する(65)」。そして、これをエチケット違反(「非難に値することをしてしまった」)や、肉体の意識に関する羞恥心(「本当に恥ずかしいことをした」)とは異なる系に分類している。しかし、羞恥心同様、この心理による赤面は第一に、「外見に関する他者の意見に……敏感である(66)」ために生じると考えた。個人の外見に向けられた注意なり批判は「赤の他人」からも受けやすいので、たとえば、着るものがいくらか特別だったり、単に新しいということを意識しただけで、「はにかみ屋は耐えられないほど、はにかむ」らしい。一方、自己の行為に対する意識がもたらすはにかみの場合、「知人を前に、はにかむ傾向がずっと強い(67)」と、観察している。この例として、裕福な青年侯爵が付き添いの医師に給料を払う時に、「少女のように赤面した」を挙げている。はにかみの分析には、他者の種類(赤の他人、知人の別)にまで関係が細分化され、羞恥心よりも繊細な心理が想定されている。ダーウィンは、はにかみが人種共通の心理であるかどうかを「質問紙には省いておいた」と述べ、調べていないが、その起源を「恐れ」と推定し(68)、羞恥心とは異なる起源、発達を辿った心理としている。

一方、「慎み深さ」には、性質の異なる二つの心理が含まれている。一つは「謙遜」である。「他者のちょっとした賞讃に非常に喜んで赤面したり、褒められすぎと思われる場合には、迷惑がって赤面する」ような場合だ。もう一つは、「無作法」に関係する慎み深さであり、「無作法な言葉や行為に対して特別敏感な人」が赤面する場合である。[69] いずれも、他者の評価に対する注意によって引き起こされることで共通するが、「無作法」に関する慎み深さは「エチケット違反」と深く関わるようだ。さらに、この場合の赤面が激しいのは、「一般に異性に関するからである」[70]と述べ、羞恥心との関連を示唆している。これらをまとめると、次のようになるかもしれない。自己の外見に関する「羞恥心」に始まる自己注意の階梯は、エチケット違反などの「道徳的原因」に対する敏感さを経由して、「無作法」に連なる「慎み深さ」へと進化する。

ダーウィンは「自己注意」に正常/異常の区別を付けていない。彼は、バージェスが逸脱や「病的」として、ひとまとめに片付けてしまった大多数の赤面を病の壷から救い出し、自己注意の三つの心理に分類し直し、序列立ててみせたのである。バージェスが赤面を超越的な神の監視(とそこからの逸脱)に委ねたのに対し、ダーウィンは精神の進化に説明を求めた。明らかに、赤面を起こさせる自己注意とは、社会的本能と知的能力を抜群に進化させた人間が獲得した、高等な道徳本能である。赤面は極めて特殊、かつ、もっとも人間的な表情だったのだ。

(3) 表情無用論

ダーウィンは赤面の生理的メカニズム——他者の評価に対する意識が顔面の血流量を増加させるのはなぜか——を次のように考えた。

身体のある部分に強く向けられた注意は、その部分の小動脈の尋常な強い収縮を阻止する傾向がある。その結果、これらの血管はその際、多少弛緩し、直ちに動脈血によって充たされる。もし、幾多の世代の間、同じ部分に注意がしばしば向けられてきたならば、神経力は慣れた通路に沿って流れるという原則と、遺伝の力とによって、この傾向はますます強められたことだろう。他者が自己の容姿をけなしている、あるいは注目していると信ずる時には、我々の注意は必ず身体の外部の、見える部分に活発に向けられる。そしてこれらすべての部分で、もっとも敏感になるのは顔であり、これは遠い過去の世代においてもそうであったにちがいない。それゆえ、緊密な注意によって毛細管が影響を受けると仮定するならば、顔面における毛細管はもっともその影響に対して敏感になっただろう。他者が自己の行い、または性格［キャラクター］を注目もしくは非難していると考える時、連合の力によって、これと同じ結果が生ずるに相違ない。[71]

顔への注意が顔面の毛細血管の血行に影響を及ぼし、それが習慣化し、やがて連合によって、道徳的行為に対する他者の評価を想像することによっても赤面が生じるとしている。表情の進化を説明する際に、ダーウィンが自然淘汰の原理（有利な変異は保存され、不利な変異は排除される）をほとんど使わず、代わりに、習慣と遺伝の原理を採用したことはしばしば指摘される。[72] ここでも、連合性習慣の原理を使うことで、一連の動作は「効用の有無にかかわらず、実行される」ことになり、結果的には、神の意志による合目的性が否定されることになるのだ。

実際に、彼は赤面の有用性をあらゆる角度から否定している。

神の意図を信じる人は、はにかみが赤面のもっとも頻繁で有効な原因であることを説明するのに困難を感じるであろう。それは、赤面する人を苦しませ、見ている方も居心地が悪くなり、どちらにも全然役に立たないからである。また、色の変化がほとんど、または、まったく傍目には解らないのに、黒人やその他、膚の色の濃い人種も赤面する理由を説明しかねるだろう。(73)

性淘汰の見地からも、次のように否定した。

明らかに、ちょっとした赤面は乙女の顔に美しさを添える。イスラム教国の後宮では、赤面する能力のあるチェルケス人女性は鈍感な女性よりも常に高い値がつく。しかし、性淘汰の効果を堅く信じる人は、赤面が性的装飾として習得されたと考えることはほとんどあるまい。(74)

「イスラム教国の後宮」のエピソードは、バージェスも参照した、イギリス人女性旅行家の報告に基づいている。(75)「性淘汰の効果」とは、ここでは個体の色彩を意味する。『人間の進化と性淘汰』によれば、「一方の性の方が他方の性よりもずっと鮮やかに、または顕著に彩られており、両性の間にこのような差異をもたらすべき習性の違いが見当たら」ず、「より多くの飾られた個体（それはほとんど常に雄である）が、他方の性の個体に対してその魅力を誇示する」[76]ような場合である。たとえば、クジャクの雄のように。一方、血液の色に関して、同書では次のように否定している。

動脈血よりも鮮やかな色をしたものはほとんどないが、血液の色自体に有利性があると考えるべき理由は何もない。確かに、血液の色は、乙女の頬の美しさを増すものではあるが、この目的のためにそれが獲得されたのだと主張する人は誰もいないだろう[77]。

先に考察したように、赤面では、血液の色や血流量の変化は極めて重要だった。しかし、上記の色彩の性淘汰にしたがえば、赤面には、性的有用性さえないことになる。

このように、ダーウィンは赤面の有用性を徹底的に否定することで、神の意図による合目的性を排除した。代わりに、進化の原理を採用することで、人間の優超が一層際立ったのである。すなわち、猿の本能と知能のレベルを超えた人間の精神は、文明の階梯を一歩一歩上っていくことになる。しかし、途中には人生の時期の解釈が入り込み（幼児は赤面しない）、挫折や堕落もありうる（精神異常）。明らかに、未開人や先住民の赤面は未完成である。多くの時間と世代を費やし、習慣と連合の法則の繰り返しによって到達すべき感受性表現は成人、しかも文明人のそれである。わけても、イギリス人は高尚な感じやすさを獲得し、進歩の先端にいると彼はほのめかしていないだろうか[78]。

3 セクシュアリティーの進化

(1) 大衆にとっての赤面論

ダーウィンの赤面論には、大衆も大いに興味を持った。しかし、やや異なる側面に関してである。セクシュアリティーに対する女性の身体反応を情動表現の進化から示唆した点に、彼等の関心は集まった。このことは、以下に挙げる二枚の図版から窺われる。いずれも『ファン』掲載の戯画である。『ファン』は『パンチ』のライバル誌で、ユーモアのある戯画を毎号掲載する人気雑誌だった。同誌は、『人、及び動物の表情について』の出版後数か月以内に、この著書に関する風刺画六枚を掲載したという。ジョナサン・スミスによると、図1-1「我々の猿を再び悩ませる」(一八七二年一一月一六日号)は、赤面理論を扱ったものである。(79) ファッショナブルに装った、しかし、やけに臀部が強調されたドレスを纏った妙齢の美しい女性が、長い尻尾を股に挟んだ猿=はげ頭のダーウィンに脈を取られている。彼女は雌のホヤ(原索動物)の子孫だそうだ。原索動物は脊椎動物の近縁とされるので、進化の階梯を上っていけば、やがて類人猿、そして人間にまで辿りつくということだろうか。(立派に進化した)この女性はわずらわしそうに、「人について好きなようにおっしゃいよ、ダーウィンさん。でも、私の情動は放っておいて欲しいの」と言っている。スミスはこれを

図1-1 「我々の猿を再び悩ませる」『ファン』（1872年）

「猥褻、かつ鈍感」で、「若い女性の美と審美的魅力に親密に関わると同時に、気付かずにもいる」[80]と分析している。一方、ゴーワン・ドーソンは、男性のぶしつけな行為や態度に対するダーウィンの観察を引いて、この女性は、猿＝ダーウィンの無作法に漠然とした不安を感じ——見たところ、彼女は強いられて手首を差し出し、脈拍を取られている——、そのために、彼女の頬の血流量が増加したと解釈している[81]。ダーウィンは、「可愛らしい少女は男性にじっと見つめられると赤面する」、「モデルになることをしぶしぶ承認した少女は、はじめて服を脱がされる時、赤くなる」[82]などと観察している。

もう少し詳しく見てみよう。まず、猿だが、『人間の進化と性淘汰』と『人、及び動物の表情について』の出版以来、ダーウィンは猿として戯画化されることが多くなったという[83]。これは彼が提案した進化論を踏まえてのことだが、もう一方では、猿は男性の色欲の具象でもあった。すでに一六世紀には確立していたという[84]。この伝統にしたがえば、毛深い猿として描かれたダーウィンが人間の美しい女性の手首を掴んで脈を取るこのイラストは、露骨に性的である可能性が高いのだ[85]。確かに、アカデミックな雑誌の多くは、『人間の進化と性淘汰』をリスペクタビリティーに欠け、科学出版物の許容範囲を超えた「悪趣味」で、人の道徳心と精神性にページを割く代わりに、セクシュアリティーを強調したために、「悪徳と道徳的堕落を潜在的に奨励する恐れさえある」と酷評した[86]。後で述べるように、『人、及び動物の表情について』も、不道徳で猥褻な書と非難された。

一方、ジャネット・ブラウンは猿のコミカルな部分に注目し、次のように分析している。ダーウィンを毛深く、尻尾をもった猿として描くことで、人間は猿から進化した動物であることが強調されよう。品の良さそうな若い女性と組み合わせることで、両者が共通の祖先を持つこと、さらに、社会まで共有していることを読者に示して、驚かせたのだと[87]。猿のようなダーウィン、ダーウィンのような猿の図像は、進化論を説いた著者と即座に結びついたし、ダーウィン自身も、猿として戯画化されることを楽しんでいたという[88]。ブラウンの解釈を支持するならば、この猿は猥褻で危険な獣ではないことになろうが、イラストを見ると、好色な感じを払拭することは難しいようだ。猿＝ダーウィンは、かつて獣だったものとして、人間としても許容される範囲で、好色と捉えるべきだろうか。

EXACTLY SO!
Our friend Charley:—"Have you read Darwin's book, Miss Gibbons?"
Miss G.:—"Oh, yes."
Charley:—"And—ah—what do you think of it?"
Miss G. (who may have been asked the same question before):—"I think it a very exhaustive treatise upon the indeterminate modifications in which the sensibilities of human nature are involved!"
[Charley is rather sorry he spoke.

図1-2　「まったくその通り！」『ファン』（1873年）

若い女性はどうだろう。彼女はかがみ込んだ猿＝ダーウィンをはすに見下ろし、幾分迷惑そうな表情を浮かべている（彼女は赤面している）。ただし、ヒップが極端に大きく、その形がホヤに似ていなくもないのは、彼女が動物的セクシュアリティーを保持しているためかもしれない。同じような表情は、図1―2「まったくその通り！」（『ファン』一八七三年一月二六日号）にも見られる。男性（チャーリー）が「ダーウィンの本をどう思いますか」と問いかけると、女性は「人間の本性に関わる、感受性の不確定な変化についての精緻な学術論文だと思いますわ」と喝破し、チャーリーを驚かせる。「［彼女は］同じ質問を以前にされたことがあるかもしれない」とキャプションが断っていることから、答えをすでに用意していたようだ。「チャーリーは止めておけば良かった。」と、後悔する。彼女が面食らった訳ではないことは、伏し目がちながらも、男性と並んで桟橋を闊歩する様子に見られよう。スミスは、この作品を「男女関係の研究の支えとして、知的な女性と退屈な男性の両方に対する当てつけとして、ダーウィン作品を使用した」[89]例と分析している。

二人は桟橋を連れ立って歩いているので、海浜のリゾート地を訪れているのだろう。開放的な海辺で、少なくともチャーリーはリラックスした気分のようだ。彼はダーウィンの著作に鎌掛けて、色っぽい話題に振りたかったのかもしれない。セコードによると、当時、科学の話題は難解で特殊なものでも、半ば時事問題として日刊紙や週刊誌で報じられ、「話の種」としてすぐに使えるように、逸話を伴って一般読者に提供されたという[90]。個人の肉体に対する意識を進化から探ったダーウィンの赤面論は、世俗的な男性に格好の話題を提供したにちがいない。ところが、チャーリーは彼女にぴしゃりと封じ込められたのである。

どちらの図版でも、女性たちは知的でエレガントであり、男性の性的ほのめかしに自制心を持って対処している。抑制された情動とその表現に、大衆は惹き付けられたようだ。いったい、彼女たちはこの能力をどのように獲得したのだろうか。

（2）「慎み深さ」の自己調整機能

この疑問を解くにあたり、まず指摘しておかなければならないことは、所謂「文明生活」を送る品の良い人々の間では、行動と情動表現の両面において、自己抑制が重視されたという事実である。

少し時代を遡ると、チェスターフィールド卿は一七四九年に息子に宛てた手紙の中で、内面を露わにする激しい表情はどうしようもなく下品で、教養の低さを晒すだけだと指摘し、次のようにアドバイスしている。「心の中で何を感じようが、少なくとも、目に見える変化が現われないように、気質と顔つきを完全にマスターせよ」。[91] 自己抑制は生理学や医学でも重視された。内科医であるアレグザンダー・モリソンは著書、『精神疾患についての講義大要』（一八二五年）の中で、「理性による意志の制御と衝動の抑制」を幼い頃から習慣づけることが「安定した、一貫性のあるキャラクター」の育成に不可欠であると主張している。[92] チャールズ・ベルも、感情の抑制を高く評価した。『芸術に関する表情解剖学、及び哲学』の中で、身体を落ち着かせることで感情を抑制し、それを習慣化することで、高い精神が得られると述べている。

身体を整えることで正に我々の考えを操作できる。（中略）自己の内的感情を抑制し、慈悲の心を育てる人、すなわち自分自身の満足を拒否し他者との温かい交流を好み、露骨な喜びを嫌い、他人と共有できる楽しみを育む人を我々は尊敬する。[93]

実践が難しいので、このような人を「我々は尊敬する」のであろうが、個人の「適切さ」が重視されたヴィクトリア朝社会ではなお一層、行動と情動表現の抑制は重要な課題だった。[94] 意志の力では、女性よりも男性が優っていると信じられていた。男性は「目的達成への忍耐、障害を克服する」能力に優れる。しかし、これが裏目に出ると、「感受性の欠如、利己主義」に陥ると考えられた。一方、女性はこの能力が劣っているために、ヒステリーの発作、子供っぽさ、「ごく普通に見られる理性を欠いた気質」など、様々な欠点を有する。しかし、感覚的には優れているので、「愛情、同情心、献身、自己犠牲、慎み深さ」などの、価値のある精神が育まれると考えられた(95)。

「序章」で示したように、ダーウィンも性の補完性を信じていた。彼はこれを発展させ、セクシュアリティーの抑制に関しては、女性の資質が有利と考えたようだ。『人間の進化と性淘汰』の中で、「貞節」を次のように位置づけているからである。

一夫多妻であれ一夫一妻であれ、婚姻が一般的になるやいなや、嫉妬心が女性の美徳を教え始め、それが名誉となると、未婚の女性にまで拡張されるようになる。それが男性にまで拡張されるのがどれほど遅々としたものであるかは、今日でも観察することができる。貞節には、著しい自己抑制が必要である。それゆえ、文明化された人間の道徳の歴史においては、はるかな過去から、それは名誉あるものとされていた。（中略）みだらなことに対する嫌悪感は、私たちにとっては非常に自然なので、生得的とも思われるほどだ。それはまた、貞節を実行するための重要な助けでもあるわけだが、これは近代の美徳であり、（中略）文明生活にのみ当てはまることだ(96)。

セクシュアリティーに関する男性の「嫉妬心」が女性配偶者に極度の「自己抑制」(self-command) を強いることで、それは「貞節」へと発展し、やがて「みだらなこと」一般に対する生得的な「嫌悪感」へと進化する。彼はこれを文明化された世界でのみ到達可能な「近代の美徳」と呼び、献身や自己犠牲能力では、男性よりも優る女性が遵守可能であろうために、「女性の美徳」に位置づけている。

ここで、赤面を引き起こす自己注意の階梯で高位に位置する、慎み深さに改めて注目してみると、彼はセクシュアリティーの自己抑制という役割をこの道徳本能に割り振っているようなのだ。彼は次のように観察していた。他者の「無作法な言葉や行為に対して特別敏感な人」が「慎み深さ」のために赤面する場合、激しくなる傾向がある。なぜなら、それは「一般に異性に関係するからである」[97]。このような場面における慎み深さの赤面とは、異性の言葉や行為が喚起させるセクシュアリティーに対する羞恥心を、文明人だけが獲得した自己抑制能力で調整し、赤面という情動表現に転写することで、心の均衡を保とうとする一連の身体反応ではないだろうか。「女性の美徳」という位置づけを考慮すると、これを実行できるのは、主に女性ということになろう。

表情を調整するものとしての女性の慎みは、パオロ・マンテガッツァが著書『観相学と表情』の中で、はっきり述べている。「慎み深さは、特に女性の場合、男性よりも多く感じ、官能の表情――彼女の意に反して、今や快楽が勝ち誇り、緩和するいかなる障害も覆す様子を見せる――を調節したり、完全に隠すことさえあるかもしれず、すぐに慎み深く、高貴な偽善のベールの下に隠れるのである」[98]（傍点引用者）。性的恍惚の表情を調整し、内面の秩序を維持する心理として、慎み深さが当てられている。マンテガッツはダーウィンの表情論を精査しており、『人、及び動物の表情について』のイタリア語訳を自発的に引き受けた人でもある[99]。また、内科医であるハヴロック・エリスは、『性の心理学についての研究』（一八九九年）の中で、女性の慎み深さは「『性感情のサインであり』、男性の情熱を誘発し、両性の情熱を高める力である」と主張した。その最たる身体反応が赤面である。彼は、「赤面の起源を生殖器の紅潮が移動したと仮定し、血液が『恐れの抑止』によって方向を転じ、頬にどういうわけか押し上げられた」[100]と解した。

こうして見ると、先に挙げた二枚の戯画でも、彼女たちは「女性の美徳」を本能として実行したと思われるのである。ダーウィンによれば、セクシュアリティーに対する自己抑制は貞節に発展し、それは「みだらなこと」に対する生得的な「嫌悪感」へと進化する。二人とも多少迷惑そうな表情をしているのは、もっとも洗練された自己抑制能力がもたらした身体反応のためであろう。ぶしつけに身体に触られている女性（図1-1）は、赤面することでかろうじて心の均衡を保ったにちがいない。乙女のつつましやかな赤面――「ちょっとした赤面は乙女の顔に美しさを添える」――の解釈にも、同じ調整機能――それは不随意な身体反応を引き起こすほど高度で特殊な、人間だけが獲得した精神能力である――を含み込む必要があるように思われる。

ダーウィンは慎み深さとセクシュアリティーに関して、先に指摘した程度のことしか述べていない。ところが、アカデミックには激しく批判された。保守的な博識家、トーマス・スペンサー・べインズは『エジンバラ・レヴュー』誌（一八七三年）上で、『人、及び動物の表情について』を「官能的な事実と物質力の仕組みの研究に没頭したので、彼［ダーウィン］は道徳的精神宇宙の現象と力に相対的に無頓着になった」(101)と評した。ダーウィンが「道徳的精神宇宙」を無視して、つまり、神の意志を抜きに、表情を分析したことが気に入らなかったようだ(102)。ドーソンによると、当時、物質主義は極めて危険な響きを持つ思想と見なされ、官能世界に対する異常な関心と事実上区別されなかったという(103)。別の箇所では、審美主義運動に関わった詩人、アルジャーノン・チャールズ・スウィンバーン（一八三七〜一九〇九年）の作品との類似を唱え(104)、ダーウィンの著作に官能主義や退廃を読み込んでいる(105)。ジョン・ラスキン（一八一九〜一九〇〇年）も、ダーウィンの表情論を毛嫌いした。彼は特に、女性の赤面に関するダーウィンの解釈を科学的物質主義の「不浄な愚かさ」(106)とこき下ろした。ダーウィンが神の意志を否定し、かつ、赤面した女性の美しさに宗教も、道徳も見いださなかったことに憤ったのである。ダーウィンによれば、赤面を引き起こす第一の原因は、道徳的行為ではなく、個人の肉体に向けられた注意だった。彼は、赤面は乙女の顔に美しさを添えると認めているが、結局のところ、それが何かの役に立つわけではなかったのである。

ダーウィンが慎み深さに自己調整機能を含み込んだことは、明らかに、ヴィクトリア朝的感受性を示している。若い女性の赤面からほのかに香るセクシュアリティーに対する羞恥心を、女性の美徳に抵触することなく、それどころか、当時のエチケットに照らしても、「社会的美学」と呼べるような美徳そのものを使って崇高化したからだ。当時、性欲にも著しい男女差があると信じられており、「尊敬に値する（リスペクタブル）」中産階級の女性は生来、慎み深いために、性欲をほとんど持たない——したがって、貞節を守りやすい——と考えられた[107]。にもかかわらず、このように批判されたのは、神秘のベールに包まれていたセクシュアリティーに対する女性の身体反応を、進化論で明け透けにしてしまったからだろう。しかも、その本質とは、男性の優れた理知力をもってしても到底克服しがたい、セクシュアリティーの抑制という難題を、神の介在なしに、男性よりも知的に劣るとされた女性が、自ら進化させた道徳本能で対処することだった。これは、ダーウィンが他の生理学者や医者たちのように神の手に委ねたりせずに、赤面を引き起こす精神の本質を最大限の誠実さで、動物から人間へと至る進化のコンテクストに置き直した成果でもあっただろう。

＊＊＊

総じて、ダーウィンの説では、神の存在を取り除いてもなお、人間の道徳観念は良い方向に進化するとしている[108]。彼の赤面論は、動物と共通の情動表現との違いを強調し、人間の知的、精神的優位をはっきりと示した。中でも、世界でもっとも発達した文化を享受していたイギリス人女性が、もっとも賞讃すべき自己調整機能を道徳本能に含み込むことに成功したようだ。まさに、赤面はレディーにふさわしい情動表現だったのである。ところで、道徳本能の進化は、ベルやバージェスと異なる最大の点でもある。他者の評価を想像しただけで赤くなることができるのは、神と個人の間にではなく、個人の中で何を是とし、何を非とするかの検閲システムが確立し、それが本能として機能しているからである。『羞恥の歴史』の著者、ジャン＝クロード・ボローニュによると、「一九世紀の巧妙な点はおそらく他人の視線、処罰の恐怖、公的な非難などから解放された個人的羞恥を出現させたこと」[109]であるというが、慎み深さの自己調整機能による女性の赤面は、明らかに、この「自己検閲」システムがもっとも進化した形である。しかし、自己の中だけで逡巡する心理であるがゆえに、いかなる有用性も見い出し得なかったのかもしれない。それでもなお、人間と動物を分ける境界は、進化によっても埋まることはなく、人間の優越は保たれたのだ。赤面は、それを証明した情動表現である。

第二章　理想的なレディーの赤面――ドリー・ヴァーデン

1　衆目を集めたドリー

本章で論じるディケンズの作品、『バーナビー・ラッジ』は、一七八〇年に勃発したゴードン騒乱を扱った歴史小説である。作品に登場する妙齢の乙女、ドリー・ヴァーデンは脇役にすぎない。しかし、彼女はヴィクトリア朝初期、中期を通して、もっとも有名な女性登場人物の一人だった。それは、W・P・フリスによる絵画、「ドリー・ヴァーデン」（一八四二年）との連想で人々の記憶に刻まれていたためである。

フリスはヴィクトリア朝を代表する画家で、当時の「モダンライフ」を活写したことで名声を得たが、「ドリー・ヴァーデン」を描いたころは、まだほんの駆け出しだった。主題探しのために

図2-1　W.P.フリス「ドリー・ヴァーデン」（1842年）
ⒸVictoria and Albert Museum, London.

『バーナビー・ラッジ』を読んでいたところ、たまたまドリーに出会ったのである。彼は、ピンクのマントを羽織ったドリーが天真爛漫に振る舞う様子を大変気に入り、描いてみたと自叙伝に書き残している[1]。ちなみに、この作品は、（歴史小説の登場人物を描いたにも関わらず）モダンライフを主題にしたフリスの最初の作品とも言われている[2]。同主題で数枚仕上げたところ、ディケンズが評判を聞きつけ、制作を依頼してきた。一流作家からの注文に感激したフリスは喜んで応じ、「森を抜け、恋人を生意気に振り返る」シーンを描いた。ディケンズは作品の出来映えに甚く感動し、「まったく私の望んだ通りで、描いていただいて本当に嬉しく思います[3]」と、礼を述べたという。ディケンズはこの作品と「マダム・マンタリーニでのケイト・ニクルビー」

の二枚で、四〇ポンドをフリスに支払った。[4] 図2-1は、フリスが描いたドリーの中の一枚である。[5] ドリーは濃いピンク色のマントと同色のリボンを飾った帽子を纏い、腰に手を当て、あだっぽい視線を投げかけている。頬は目立つほど赤い。

その後、一八七〇年にディケンズが亡くなると、作品は競売に掛けられ、千ギニー（一〇五〇ポンド）という破格の高値で落札された。その時までには一流画家として名声を確立していたフリスによる、一流小説家所有の作品キャラクターの絵画は大変なセンセーションを巻き起こし、高額で取引されたのである。競売の詳細は美術誌のみならず、ファッション誌にも取り上げられた。それによると、「『ドリー・ヴァーデン』が掛かると、熱狂は最高潮に達し、われんばかりの拍手喝采となった。この優美な姿を包む、チャーミングな『コケティッシュな霧』、その美しさ、弾むような軽快な足どり、きれいな若々しい顔の無垢な陽気さが会場をうっとりと魅了した」[6] という。「マダム・マンタリーニでのケイト・ニクルビー」は、「ドリー・ヴァーデン」の「対の作品」と紹介されたが、二〇〇ギニーの値段しかつかなかった。これは、『ニコラス・ニクルビー』（一八三八〜三九年）に登場する、従順で自己犠牲の愛に溢れた若い女性登場人物、ケイトを描いた作品である。他に、作品の登場人物を描いた絵画として、「バーナビー・ラッジとその母」が一一〇ギニー、「テントにいるリトル・ネリーと祖父」が二七五ギニーで落札された。[7] ドリーが格段に高い評価を得たことがわかる。競売後間もなく、ドリーはドレスや帽子の名前に採用され、一八七〇年代前半の若い女性のファッション・アイコンになった[8]（図2-2）。さらに、コミックソングの主題になり（図

図2-2　ファッション誌に掲載された「ドリー・ヴァーデン・チンツ・コスチューム」（左）と「ドリー・ヴァーデン・ポロネーズ」（右）（1872年）

図2-3　人気の高かったコミックソングの表紙：G.W. ムア「ドリー・ヴァーデンを着て」（1870年）（左）と，G. W. ハント「ドリー・ヴァーデン」（1871年）（右）

2–3)、詩にまで唱われた(9)。

こうして、端役にすぎなかった一登場人物は時代の寵児になったのである。人々の関心は、彼女のキャラクター（心理、性格、本質など）にも向けられるようになった。ファッション誌『クイーン』（一八七一年）は、次のように評している。

シンプルな美しさ、こざっぱりしていて、小生意気でコケット、活発なドリーは、これらすべての下に、慎み、志操堅固、真実、純真な心の中でもっとも純真な心を持ち、我が国のまさに典型、イギリスの乙女そのものである(10)。

「我が国のまさに典型、イギリスの乙女そのもの」と称揚されたドリー。ディケンズが創造し、フリスによってビジュアル化され、ファッション誌その他を通して商品化されたドリーは、若い女性が持つべき理想的なキャラクターの具象と広く認知されたのである。作品の中では、これは赤面によって示された。若い女性のキャラクターを特徴づける二つのタイプを参照しながら探る。

2　解読を拒む赤面

作品を読んでいて、最初に読者が「おやっ」と思うのは、物語が始まって間もなく、お茶の場面でのドリーのろうばいであろう。父親と徒弟のタパーティットとともにお茶を飲んでいた彼女は、父親の次の言葉に突然、顔色を変える。

「……ジョーはそのうちいつか家出をして、一か八かのつまらぬ運試しをするなんて──やや っ、ドル、どうした。今度はお前が変な顔をしている。女の子も男の子も同じだなあ、まったく！」「お茶のせいよ」ドリーはかわるがわる赤くなったり蒼くなったりしていた(11)。

ジョーは、彼の父親が経営する宿屋兼、居酒屋を手伝う若者である。彼は父親に子供扱いされたことに腹を立て、癇癪をおこした。そのことをドリーの父が話題にすると、彼女は「かわるがわる赤くなったり蒼くなったりした」(turning alternately very red and very white) のである。赤くなることで、彼女はその場にいる人達の注意を引くことになる。会話の内容が、ドリーとなんらかの関係を持つことをほのめかすのだ。「[ジョーは] いつか家出をするよ、きっと。だって本人がそう言ってたんだから！」と父親が続けると、ドリーは「まあ！」と叫んで、猛烈に咳き込んだ挙げ句に涙まで浮かべるから、ドリーの顔色が変わった原因がジョーにあることは確実だ。しかし、作者はドリーに「お茶のせいよ」と言い訳をさせることで、作品内の他者が彼女の表情を解読することを拒絶させている。

実際、父親は、何気なく出した話にドリーがなぜ「かわるがわる赤くなったり蒼くなったり」するのかわかっていない。二人のやり取りをわきで見ていたタパーティットも、彼女が赤くなったのはジョーのためであることを追認するだけだ。「あの野郎の話になった時、娘をひと目見てやった。娘がうろたえた（being confused）のは、そのせいだ。ジョーの野郎め！」[12]と、彼は独り言をいう。ダーウィンによると、「ほとんどの人は激しく赤面すると、精神が混乱する（confused）」[13]という。赤面は、ドリーの身体がジョーに対する感情に反応した結果である。それはジョーに対する「はにかみ」、「慎み」、それとも「羞恥心」か、過剰な自意識、空想、または、そのように感じてしまったことに対する恥じらいだろうか。混乱していても、彼女には「お茶のせいよ」と咄嗟にかわす冷静さが残っている。ドリーはどんな心情を隠しているのか、そもそも、なぜ隠さなければならないのだろうか。

この場面では、表情を読むことが中心的な問題でありながらも、その理解は一定ではなく、いくつかの解釈に委ねられている。父親はいつまでたっても解らず（だが、咳き込む彼女の背中をさすってやることで、同情を示す）、タパーティットはただならぬ気配を感じ取った。その場にいなかったジョーにとっては、ドリーの赤面はないも同然である。赤面は瞬間の直接性の中で他者と共有されるのではなく、時間差を伴った個別のニュアンスを与えられている。同席者全員に心の秘密を一瞬のうちに暴露してしまうよりも、よほど繊細な手続きである。

赤面が与える個別のニュアンスは視覚的にも印象づけられている。フィズによるイラストでは、ドリーは俯いて頬を染め、タパーティットは鋭い視線を彼女に投げかけ、父親は能天気に食事を楽

図2-4　フィズのイラストによるお茶の場面

しんでいる（図2-4）。「フィズ」こと、ハブロー・ナイト・ブラウン（一八一五〜八二年）は、ディケンズの言葉によるイマジネーションを詳細なイラストで表象した。ディケンズの共同制作者であると同時に、解釈者でもあったと言われている[14]。ドリーはタパーティットから身体を背けており、彼に顔を見られることを避けているようだ。赤面に伴う動作やジェスチャーとして、ダーウィンが「我々は身体全体、特に、顔を隠すように背ける[15]」と観察している通りである。だが、赤面は「不随意であるのみならず、抑制しようとすると、自己注意によって、実際にはこの傾向はかえって増す[16]」。不随意であるがゆえに、真情を吐露すると期待されたわけだが、ドリーは穴があったら入りたいほど狼狽しており、その様子は初々しく、なぜ彼女がそれほどうろたえるのかわからなくても、共感を誘うだろう。

明らかに、ディケンズはドリーの感受性表現を極度に抑制することで（ドリーに赤面を隠させ、偽らせる）、彼女には隠すに値する繊細な感受性と、それを隠しうる内面の奥行きがあることを示している。

『語る、顔色』の著者、オファレル、そして、『キーツと狼狽』（一九七六年）の著者、リックスによると、一九世紀の小説家にとって、赤面は求愛や「結婚のプロット」を扱う際の基本的な装置であったという。(17) 確かに、ドリーに限らず、若い女性登場人物は異性を前に、または、単に名前が言及されただけで、頻繁に赤面した。しかし、彼女の表情はあまりに曖昧なために、その解釈は一通りではない。たとえば、世紀後半に人気の高かったセンセーション・ノベルの作家、メアリー・エリザベス・ブラッドンは、『医者の妻』（一八六四年）の中で、次のような場面を描いている。主要登場人物の一人、ジョージは、田舎町に住む若い医者である。彼は休暇でロンドンに行くことになった。その際、同郷の女性（若く、裕福）、ソフロニアをロンドン在住の彼女の伯母の元まで連れて行くことになった。彼らは幼なじみなので、ジョージが兄弟代わりのエスコート役を引き受けたのだ。無事にロンドンに到着すると、ソフロニアの伯母は彼を家に招待する。ソフロニアはそれを脇で聞いていた。

ソフロニアは赤面した。しかし、不幸にも、ソフロニアは可愛らしく赤面しなかった。ぼんやりした赤い斑点が顔中に出て、眉があるべきところにまで出たし、長い間、赤味が散らばっていた。もし赤面が夏の夕暮れ時の稲妻のように短く、明るくはかない美の輝きだったならば、ジョージ・ギルバードは人の気を引くその趣きに気付いたはずだ。だが、彼は若い女性の情動を職業的な観点から見て、消化不良と勘違いした。(18)

ソフロニアはジョージに好意を抱きつつあったのかもしれないし、単に伯母の提案を突飛と感じて狼狽したのかもしれない。彼女の赤面は女性らしい慎みを示すだろうが、その理由はよくわからない。一方、ジョージは、彼女の赤面が美しくなかったために、そのニュアンスを追求しようとはせず、医者という職業的視点から身体の不調と解したのだ。ひょっとしたら恋愛に発展したかもしれない好機、田舎医者にすぎないジョージにとってはまたとないチャンスであっただろうに、それはこの時点で永遠に失われたのである。彼の拙速な解釈は、ソフロニアにとっては屈辱的だが、ジョージの堅苦しく、やや鈍感なキャラクターを浮き彫りにする滑稽な場面でもある（もっとも、当時の若い女性読者はジョージの判断を真剣に受け取ったかもしれない。その理由は次章で明らかにする）。

ジョージ・エリオット（一八一九～八〇年）は、『アダム・ビード』（一八五九年）の中で、さらに辛辣に赤面の誤読を暴いている。アダムはヘティーという少女を気にかけていた。彼が彼女の家を尋ねると、ヘティーは庭にいるという。そこで、アダムは彼女を探しに夕日の差す庭に出た。

彼女は誰かが近くにいるのを知ってはっとする――非常にびっくりしたので、スグリの入った容器を落としてしまう。それからそれがアダムだと知った時、彼女の顔は蒼白い色から真っ赤に変わっていった。このヘティーの赤くなった様を見て、アダムの心臓は新たな喜びで鼓動を打った。今迄彼を見て、ヘティーが赤面することはなかったのだ。[19]

「今迄彼を見て、ヘティーが赤面することはなかった」ので、アダムの心臓は「新たな喜びで鼓動した」。この後すぐに、彼女の「顔の紅潮は消えて」、「静かで悲しげに彼の視線を迎え」た。すると、アダムは「今まで彼女に見られなかった態度だったので、満足を感じた」。さらに、「彼を見て顔を赤らめたし、どことなく悲しさが漂っていた」ので、それは「きっと愛情を示しているに違いない」[20]と、アダムは解釈したのである。

ところが、真相はまったく違った。エリオットは、今度はヘティーの側に立って説明する。

アダムが彼女に気づかれずに近づいた時、いつものように、彼女はアーサーが多分戻って来るだろうと考えたり、そうなるだろうかと思ったりして夢中になっていた。どの男の足音も、彼女にはまったく同じような影響を与えただろう――見るいとまもないうちに、それはアーサーだと感じただろうし、その一瞬の感情の動揺によって、頬から失せた血の気は、アダムの姿を見たのと同じように他の誰を見てもまた戻ってきたことだろう。[21]

ヘティーは意中の人、アーサーが来たと勘違いしたのである。緊張のために、彼女の頬からは血の気が失せたのだ。しかし、アーサーではないと分かったとたんに、彼女はがっかりした。「静かで悲しげに彼［アダム］の視線を迎え」たのも、「彼を見て顔を赤らめた」のも、アダムがいるためではなく、アーサーがいないためである。しかし、ヘティーは慎ましく黙っているし、アダムは彼女に対してバイアスが掛かっているために、彼女の赤面に他の解釈の可能性があることに気付かないのである。この作品は出版されるとすぐに、そのリアリズムで絶賛されたというから、現実でもこのような誤読は頻繁に起こったのかもしれない。

　エリオットは、他の作品でも、女性の赤面の解釈が難しいことを語っている。

> 彼女が顔を赤くしたのはなにか曰くがあるからだと、みるひとでも、それが彼女の複雑な心情の奥深くに隠れているもののせいである、と解釈しなかったのはたしかである。顔を赤くすることは言葉ではない。二つの矛盾した事実のどちらかを意味するかもしれないあやふやな手旗信号にすぎない[22]。

赤面は自分の中の何かを曝け出し、他者とのコミュニケーションの可能性を開くが、曖昧にされているために、様々な意味、時には相反する意味が汲み取られてしまう危険があったのだ。

　ドリーに話を戻せば、彼女がジョーに対する何らかの感情を示すこと、自分自身をちらっとでも見せたのは、お茶の場面におけるこの赤面だけである。赤面することで、うっかり彼女は自分を曝け出してしまったわけだが、それを咄嗟に言い繕うことは、慎みの道徳本能によるのかもしれない。しかし、そうすることで、彼女の本当の気持は、ますます他者にはわからなくなってしまったのである。

3　二つのタイプ

(1)　コケティッシュ

ドリーは、単に心の内を明かさないのではない。若い女性のキャラクターとして、当時の読者によく知られたタイプを纏うことで、心の奥底に秘めている気持が人前に晒されることを防ごうとするのである。その一つは、コケティッシュである。

オックスフォード英語辞典によれば、コケットとは「虚栄心を満足させるためだけに、または、征服欲から、男性の称賛と好意を得るために策を労し、それによって刺激された感情に答えるつもりのまったくない、(大抵は若い) 女性。または、男性の好意を習慣的にもてあそぶ女性、尻軽娘」である。「序章」で紹介した「フラート」と極めて近いようだ。観相学書にも、コケットの容貌の特徴を記述するものが散見され、[23] このキャラクターに観相学的な興味が持たれていたことが窺われる。ドリーはというと、彼女は若い女性のウィットに溢れた、典型的なコケットとして描かれている。「ドリーほどぽっちゃりしていて、いたずらぽくって、可愛らしくって、目がきらきらして、魅惑的で、うっとりさせて、相手を囚にさせて、気違いにさせるような子猫ちゃんが、世界じゅう探したっていただろうか！」(24)。これは数多の求婚者を魅了しては袖にする様子を語った部分である。

ドリーはジョーに対しても同様に振る舞い、ジョーもそのことを承知している。ある日、彼女のことが話題に上ると、ジョーは赤面し、次のように漏らすのだ。「エドワード様、赤くなったつもりはありませんが、もしぼくが赤くなったとしたら、それは彼女に希望をかけたぼくが大変な大馬鹿者だった、と思ったからですよ。彼女はもう全然ぼくの手の届かぬ高嶺の花——いや、天国みたいなもので」(25)。この直前に、ジョーは彼女に愛の告白をすべく家を訪れたが、ドリーはちょうどパーティーに出かけるところで、心ここにあらずの状態だった。やむなく、彼は告白を断念したのだった。ドリーは彼の好意にすでに気付いていていたが、パーティーでの新たな出会いに期待を掛けていたのである。主導権を取るのは常にドリーである。作者は彼女の恋愛観をわざわざ披露することで、これを強調している。「恋愛というものは最高の冗談のひとつ、人生でもっとも手練手管にたけた、愉快なものごとのひとつでなければならなかった」(26)。つまり、たとえジョーを愛していたとしても、ドリーが彼の告白をまじめに受け取ったかどうか疑わしいのだ。

彼女の容貌、身体、性格のすべてがコケティッシュな魅力を発散させている。それは、身につけるものによってさらに増した。

ドリーはというと、真っ赤に上気して美貌のお手本のよう。スマートな小さな桜色のマントを着、同じ色のフードを頭にかぶり、そのフードの上に桜色のリボン飾りの付いた小さな麦藁帽子を心もちちょっと斜めに——つまり、意地悪な帽子屋が造ったこの上もなく男心を掻き乱す、怪しからぬ帽子に見せる程度にちょっと斜めにかぶっていた。このような桜色の装身具が彼女の目の輝きを引き立たせ、彼女の唇と色どりを競い、顔の薔薇色にいっそうの朱を加えているその悩ましさは言うまでもないが、彼女のマフの心憎さ、見る者の胸を張り裂けさせんばかりの彼女の靴、それにありとあらゆる種類のおまけがついた……。(27)

これはロンドン出発を記した箇所である。フリスの作品では、この数ページ後の場面が描かれているが、彼はドリーの服装を描くにあたり、この描写を参考にしたと思われる。

一八七〇年代初頭に展開されたドリー関連商品も、彼女のコケティッシュな魅力を強調するものが多かった。たとえば、ロンドンのオックスフォード・ストリートにあったモスリンの卸売店、バージェスが扱った「ドリー・ヴァーデン・コスチューム」を、『イングリッシュウーマンズ・ドメスティック・マガジン』（一八七一年六月号）は、次のように紹介している。「完璧に目新しいものは、ドリー・ヴァーデン・コスチュームです。ディケンズ氏のコレクションで、死後売りに出された、あの有名な絵画『ドリー・ヴァーデン』の、かわいらしく、コケティッシュなコピーです。」(28)（傍点引用者）。ペチコートの上に「ドレープする」このドレスは、ポロネーズ・スタイルと思われる。

コミックソングで唱われたドリーも、ポロネーズ・スタイルの衣装を纏い（図2-3参照）、コケティッシュな魅力を振りまいている。G・W・ムア作「ドリー・ヴァーデンを着て」の表紙では、キルティング製のペチコートに、小花模様のポロネーズを着用している。彼女は太いリボンを通した麦わら帽子を目深に被り、大ぶりなイヤリングが見えるように振り返っている。後ろを振り向いていることから、誰かがついてくることを期待しているのかもしれない。ペチコートからは、白いストッキングに包まれた華奢な足が片方だけ覗いている。「ドリー・ヴァーデンを着て」は、海浜の行楽地、ブライトンで、若い男性がこのスタイルのドレスを着た「かわいらしい女の子」を見初める歌である。桟橋では、楽隊が陽気な音楽を奏でている。見知らぬ男性からダンスに誘われた彼女は、「まあ、私がドリー・ヴァーデンを着ていることをもしママが知ったら、なんて言うでしょう」と言い残して、桟橋からビーチへ走って行く。「ドリー・ヴァーデンを着て、ドリー・ヴァーデンを着て、彼女は明るく照らされた桟橋にいる。愛しい人が降りて行く、ブライトンのビーチへ降りて行くのが見える」[29]と、さびの部分は歌っている。G・W・ハント作「ドリー・ヴァーデン」の表紙でも、ドリーはキルティング製のペチコートと、後ろ腰部分が膨らんだポロネーズを纏っている。ムアの楽譜に描かれたドリーよりもさらに若く、少女と呼んでも良いくらいだが、ブーケを摘む手つきや、足首をぐっと突き出す様は挑発的である。歌詞では、新しいもの好きが「ドリー・ヴァーデン」に飛びつき、今やすべてのイギリスの女の子の心を虜にしていると歌っており[30]、このドレスの着用者が若く、多少軽薄なことをほのめかしている。このドレスはロンドンのリージェント・ストリートにあったベイカー・アンド・クリスプ社製なので、実際に購入可能だった。

これまで扱ってきた図版を見てわかるように、ポロネーズ・スタイルのドレスを纏ったドリーの外見は彼女のコケティッシュなキャラクターと不可分である。それは、疑似博物学的に示されたフラートの外見が特定のキャラクターに対応したことを思い起こさせる(「序章」参照)。ドリーの場合、コケティッシュであることは原作出版以来、前景化されてきた。このことは、芝居の脚本にも明らかである。チャールズ・セルビーとチャールズ・メルヴィルによる脚本、「バーナビー・ラッジ、ホームドラマ三幕」(一八四一年)は、「原作のドラマ化としてもっともよく知られた、もっとも権威のあるテキスト」[31]だそうだが、ドリーはジョーの求婚を受け入れる直前まで彼を徹底的に翻弄する。[32]この作品は、原作がやっと三分の一出版された時点でロンドンとニューヨークで芝居に掛かり、大成功を収めた(したがって、歴史ドラマとしての要素はほとんどなく、ドリーやジョーの家で繰り広げられるメロドラマが中心である)。以来、一九世紀後半まで版を重ねた、人気の高い脚本だった。[33]

一方、図2-5はフィズが廉価版『バーナビー・ラッジ』(一八四九年)のために描いたものだ。ポロネーズ・スタイルを纏った彼女は、豊満な胸とふくよかな腕に視線が向くようにポーズを取っている。カールした髪を一房指に絡め、口元にあてる様子、媚を含んだ視線に恋愛の手練手管を見ないのは難しい。三〇年後に『クイーン』のために描かれた「鏡を見るドリー・ヴァーデン」(図

図2-5　廉価版『バーナビー・ラッジ』のイラスト（1849年）

図2-6　「鏡を見るドリー・ヴァーデン」（1871年）

2-6）でも、美しいドリーは鏡の前で容姿を点検し、どうやって男性を虜にしようかと思案しているようだ。

原作では、彼女のコケティッシュなキャラクターが最大限に発揮されるのは、ジョーが家出を決意し、彼女に別れを告げる場面である。作品前半のクライマックスだ。ここでも、関係をコントロールするのは、どぎまぎしていらぬことまで口走ってしまうジョーではなく、「コケティッシュ」を自認しているドリーである。「ぼくはさよならを言いに来たのです――このつぎ会えるのは何年先かわかりません。たぶん永久に会えないかもしれません。ぼくは外国に行くのです。」と告げるジョーに、ドリーは「あら、そう！」と言ったきり、「炉と同じく、何の感情も示さなかった」[34]！。ジョーは愛の確かなしるし――涙や優しい言葉――を探し求めていたので、彼女の無情に失望する。それでもなお、これを最後にジョーは愛の告白をする。しかし、ドリーは「わたしは二度もさよならって言ったわよ」、「ジョーゼフさん、すぐ腕をどけてちょうだい、さもないとミッグズを呼ぶわよ」と、冷たい。作者によると、「ドリーは生まれながらに男の心をなぶるのが大好きで（coquette by nature）、甘やかされて育った。彼女はこんな激情にさらされることが理解できなかったのだ[35]。」という。

図2-7は、この場面を描いたフィズのイラストである。彼女は髪から垂れるリボンをいじり回し、いわくありげにジョーから視線を外している。これを見ると、彼女の情動表現をさらに詳しく考察する必要があることに気付くだろう。マンテガッツァによると、目の筋肉は表情を表す器官の中

図2-7　ジョーから視線を外すドリー

で、「神経中枢から生じる本当の情動にもっとも容易に屈する」[36]ので、眼差しを偽ることは難しい。まして、お気に入りの異性と目を合わせては。つまり、ジョーの眼差しを受けたドリーが彼から目を逸らす動作は、彼女の心の乱れを示す表情に他ならないのだ。このことは、作者の説明――「彼女はエプロンを手に取って、端から端までその縁に目を走らせた。あの人の面前で笑ってしまうのをこらえるためよ――あの人の目つきであたしの心が乱れたからじゃないわ――もちろん。」[37]――にも示されている。その一方で、彼女はジョーから視線を外しているために、彼の目の前で感情を爆発させずに済んでいる。ジョーが期待したように、ドリーは涙にむせんだり、失神したりはしない（確かに、彼女は「ベッドの上に突っ伏すと、胸も張り裂けんばかり泣いた」のだが、それはジョーが去ってしまった後である）。明らかに、情動表現の抑制に価値が置かれており、管理された感受性に優越が認められるのである。作者は、これらはジョーとの間に今後も繰り返されるだろうひと綴りの情動表現であると述べ、ドリーを「生まれながらのコケット」(38)と呼ぶが、コケティッシュであることは、むしろ彼女の内面の均衡を保つ調整弁であるかのようだ。

前景化されたコケティッシュな「タイプ」の下に、何かが横たわっているのだ。抑制が解かれることが稀な何かが。ディケンズもそれにこだわり続けている。

ドリーは間違いなく心情を持っていたし、しかもその心情はかたくなものでもなかった。もっともその周辺にコケティッシュな霧が少しただよっており、これが人生の太陽のまわりを朝がたに包み、その輝きを少々曇らせてはいたけれども。(39)

「コケティッシュな霧」とは、ファッション誌『クイーン』がオークションの模様を伝える記事の中で、フリスが描いたドリーを紹介する時に引用し、後に、彼女を「イギリスの乙女そのもの」と賞讃した時にも援用した部分である。お茶の場面で隠した赤面によってその存在を暗示し、「コケティッシュな霧」の向こうにあることを明かしたドリーの「心情」(heart) とは、いかなるものか。キャラクター観察をさらに進めていこう。

（2）「花咲く少女」

『ブルーム』（二〇〇三年）の著者、エイミー・キングによると、一八、一九世紀のイギリス小説では、「花咲く少女」（girl in bloom）という表現がしばしば使われたという。これは女性の社会的、性的成熟を指し、社会化されたセクシュアリティーとしての結婚に向けて準備ができている状態を表したり、それを予測させるような場合に使用された。その起源はスウェーデンの植物学者、カルロス・リンネ（一七〇七〜七八年）が明らかにした花の役割や、植物分類法に遡ることができるという。リンネは、花の雄の部分と雌の部分の差異に基づいて植物を分類したことで知られ、植物のセクシュアリティーを「結婚」という絆の中で起こるものとした。[40] ここから発展し、「花咲く」は、単に女性の顔色や健康状態、身体的な美しさを表す修辞でもなければ、若々しい身体や性的魅力が増した状態を示すだけの表現でもなく、「結婚に適している」ことを、性、社会的地位、身体と情緒から総合的に、それも礼儀に叶った範囲内で、表す言葉になったという。[41] 中でも、ディケンズはこの表現を常套句にした作家の一人で、それまで「花咲く」が示唆してきた求愛の繊細なニュアンスを省略して、処女の美しさと道徳的正しさ、結婚生活における性の期待を申し分なく混ぜ合わせた、典型的な「花咲く」女性たちを創造した。[42]「花咲く少女」をタイプとして固めたわけである。

ドリーもこのタイプを踏襲しているようだ。作者は、彼女が登場する最初の場面を次のように描写している。

……いたずらっぽい顔が彼を見た。鍵屋が知る限りもっとも可愛らしい、きらきら輝く目で晴れやかになった顔、笑っている美しい少女の顔、清々しくて、健康そうで、えくぼのある顔——明朗と花のような美しさをまさに絵に書いたような顔だった（the very impersonation of good-humour and blooming beauty）[43]。

ぴちぴちして、清々しく、健康的な美しさを持つドリー。「明朗と花のような美しさをまさに絵に書いたような」と描写されることで、若さや身体の美しさだけでなく、精神的な清らかさ、明るさ、そして、道徳的正しさが示され、彼女が求愛へと導かれて、幸せな結婚生活を送ることを予測させるのである。

図2-8　ミッグズ

ドリーが「花咲く」状態であることは、女中のミッグズとの対比によっても明らかだ。ミッグズはドリーと同じくらいの年齢で、タパーティットに恋心を抱く色気もあるが、枯れ木のごとく、潤いがまったくない（図2-8）。

このミッグズは背の高い若い娘で、普段は木靴をはくのが大好き、痩せて見映えのしない身体つきで、いかにも癇性らしく見え、完全に不器量とはいえないが、ぎすぎすしたきつい顔立ちだった。(44)ミッグズの「ぎすぎすしたきつい顔立ち」は、ぽっちゃりして、血色の良いドリーとは対照的である。徒弟のタパーティットは、彼女をこっそり「ごつごつ面」(scraggy)(45)と呼んでいたくらいだ。また、「木靴をはくのが大好き」というから、そこらをがたがた音をさせて歩き回るのだろう。「ぎすぎすす」しているのは顔立ちだけでなく、身体全体のようである。

ミッグズの顔立ちは、性的魅力や美しさに欠けるだけでなく、繊細な感受性にも欠ける。「序章」で示したマックブルーザーの観相を彷彿とさせ、動物的なのだ。以下は、無断で出かけたタパーティットを不審に思い、帰ってくるのを待ち伏せする場面である。

そう言うと、悪戯っ気、狡猾、意地悪、意気揚々、忍耐強い期待など、正反対の要素がどっさり混合して、いわば表情のカクテルを作ったような顔をした。ミッグズ嬢は、落ち着きはらって耳を澄ませながら待ち構えた。まるで罠を仕掛けて、肉づきのいい旅人を丸かじりしてやろうと見張っている美貌の魔女のように。(46)

タパーティットを執念深く待ち伏せする様は、「肉づきのいい旅人を丸かじりしてやろうと見張る美貌の魔女」と描写され、ウェルズが下層階級の感受性について指摘したように、「下劣か動物的な情動」(47)に支配されていることを伺わせる。

一方、ドリーの身体が性的であることは、ウォレン屋敷に住む深窓の令嬢、エマとの比較から示される。「エマの白い顔色、ドリーの薔薇色の顔色、エマのほっそりした容姿、ドリーのぽっちゃりした身体つき、それから――要するに、この二輪の花に比ぶべき花は、園芸家がなんと言おうと、どこの庭園にもないのだし……」(48)。ドリーの「花咲く」状態には、彼女よりも育ちの良い娘が備え持つ洗練は見当たらないが、異性を魅了する肉感を発散させている。

常識的に考えると、「花咲く少女」であることは、コケティッシュであることと相容れない。しかし、ドリーの場合、この二つのタイプによって独自のキャラクターが形成され、彼女の内面に奥行きを与えている。たとえば、コケティッシュであることをヴィジュアル的に示した「桜色の装身具」の部分には、次のワンフレーズが挟まっている。「このような桜色の装身具が彼女の目の輝きを引き立たせ、彼女の唇と色どりを競い、顔の薔薇色にいっそうの朱を加えているその悩ましさは言うまでもない」(...shed a new bloom on her face)。また、ジョーが愛の告白をするためにドリーの家へ向かう場面では、「これすべて花咲けるドリー・ヴァーデン」(49)と描写され、ジョーが彼女に惹き付けられたところである」(...attracted by the eyes of blooming Dolly Varden)と描写され、ジョーが彼女に惹き付けられた理由になっている。しかし、先に述べたように、彼女はパーティーに行くことに夢中になっており、ジョーのことなどまったく頭になかった。やむなく、彼は告白を延期するはめになった。

ドリーが「花咲く少女」であることは、彼女が「男心をなぶる」以上の何か、繊細で、心のこもった女性の美徳を備えていることを示す有力なサインである。しかし、彼女の心情そのものではないようだ。彼女の魂の資質は、「花咲く少女」がしおれた時に現われるのである。

4　ドリーの心情

その機会は、彼女が女性としての弱さを自覚する時に訪れた。ゴードン騒動に巻き込まれたドリーは、悪漢どもに監禁されるが、なんら抵抗する様子もなく、ただ消沈するのである。「かわいそうなドリー・ヴァーデン——花のように美しい、丸ぽちゃの、可愛いドリー——が、まさに美しい花のように頭を垂れ、色あせ、しぼみかかって来た。頬からは赤みが失せ、勇気もなくなり、やさしい心すら萎えかけて来た」(50)。「花咲く少女」がしおれることは、タイプとしてのコケティッシュの崩壊でもあった。以下は、すぐ後の部分である。

昔のはた迷惑なほどの気紛れも忘れ、自分が虜にしたり弄んだりした幾多の男のことも記憶から去り、魅力たっぷりの虚栄心もなくなって、彼女は一生のように思える長い一日じゅうエマ・ヘアデイルの胸に抱かれて、ある時はやさしい白髪頭のお父さんに、ある時はお母さんに、ある時は昔の家にさえ呼びかけながら、籠に入れられた小鳥のように、ゆっくりと次第次第に元気を失って行った(51)。

監禁されたドリーは絶体絶命の危機に瀕していた。この重大な局面で、彼女のキャラクターの表層を覆っていたコケティッシュは完全に剥がれ落ち、タイプとしての「花咲く少女」もしおれ、純真な心が露呈したのだ。

女性の精神的、肉体的な弱さは男性との競争関係では明らかに不利だが、「序章」で指摘したように、それは女性特有の資質と信じられており、克服すべきものではなかった。アレグザンダー・ウォーカーは女性を生理学的に論じた著書、『女性の生理学的考察、精神、道徳、結婚、婚姻における奴隷制、不貞と離婚に関して』の中で、女性に愛情、慈愛や憐憫の情を起こさせるのは、弱さであると言っている。(52) もっとも、ドリーが弱さを見せることは稀である。ジョーが兵隊に志願し、彼女の前から姿を消した後も、彼女は様々な男性を相手に恋愛ゲーム三昧の生活を続けることができたからである。しかし、父親がジョーの思い出をふと漏らすと、それまで明るかったドリーは激しく動揺し、滂沱の涙を流した。

「『ジョーは』いつかの晩わしの後からメイポール亭の玄関まで出て来ると、自分が子供扱いされていることを話さないでくださいって頼むのさ――つまり、それはここ、わしの家で、っていう意味だったのだなあ。その時わしにはわからなかったけど。『それからドリーさんはお元気ですか』って、ジョーは言ってたよ」鍵屋は悲しげな口調で続けた。「ああ、かわいそうなことしたなあ、ジョーは！」「あらまあ、大変！」ミッグズが叫んだ。（中略）「『ドリーお嬢様

> が」涙をどっさり流して気絶なさりかかって」[53]。

「いつかの晩」のエピソードとは、お茶の場面でドリーをろうばいさせた、親子喧嘩に絡むジョーの家出予告である。先に見たように、彼女はジョーの愛情に気付いていながら、別れの挨拶に込められた愛の告白をないがしろにした。彼に家出を実行させたのは、彼女の冷たい態度である。「いつかの晩」のエピソードは、彼の優しさ、愛情、それに報いなかったことへの罪悪感を呼び覚ました。それだけではない。心の底では彼を愛していることを、彼女の身体が告白したのである。それは赤面同様、コントロールの効かない涙となって溢れ出したのだ。

　ジョーがドリーの元を去ってから二人が再会を果たすまでに、五年の歳月を要した。その間、ドリーはゴードン騒乱に巻き込まれて貞操を危うくし、ジョーは戦争で片腕を失った。数々の苦難を経験し、心の強さを散々に試し抜かれた後にようやく、二人を結びつけている感情が驚くほど深く、貴いことを、彼女も遂に認める。

> 五年前のコケットが、いまや何と鋭い胸の痛みを感じたことだろうか！　やっと彼女は自分の本当の心に気づいたのであった。これまで自分の心の真価に気づかなかった[54]彼女は、彼の心の真価にも気づかなかったのである。いままではそれが何と貴く思えたことか！

ドリーを愛するがゆえに、彼女を諦めるジョー。彼は以前のように感情をぶちまけるのではなく、抑制の効いた言葉を慎重に選ぶことで、心の強さを表す。と同時に、ドリーに対する寛大さと思いやりを示す。

ぼくは貧しい片輪の退役兵士で、何とかこれから食って生きて行かねばなりません。あなたが結婚して奥さんになった姿を見てぼくが嬉しくなれるとは、これは今でも思えません。でも、あなたが今でも皆から崇拝されもてはやされ、自分の幸せな未来の生活を自由に選べる立場にいることを知って、僕は本当に嬉しい――それをはっきりぼくが口に出して言えると思うことも嬉しい。(55)

その胸にドリーは飛び込み、自ら結婚を申し込むのだ。五年間、気丈にも押さえ込んでいた「本当の心」である。「ジョー、わたしはいつもあなたを愛していたのよ――わたしは見栄っ張りで気紛れな女だったけれど、心の中ではいつもあなたを愛していたのよ。(56)」。そして、「辛抱強い、やさしい、疲れを知らぬ妻」になって、彼に末永く献身することを誓うのである。ドリーの「心の真価」が語られるこのクライマックスには、「花咲く少女」の予定調和ではなく、ファッション誌『クイーン』の賛辞を彷彿とさせる甘美な感動が伴っていないだろうか。明るく、陽気で、コケティッシュなドリーは、「これらすべての下に、慎み、志操堅固、真実、純真な心の中でもっとも純真な心を持」（傍点引用者）っていたのである。ドリーに内在化された女性らしい慎み深さは、コケティッシュと「花咲く少女」の二つのタイプを纏うことで、感受性表現を調整し、心の均衡を保っていたのである。深い情動を慈しむために、幾重にも折り畳まれたドリーの内奥。

二人の心の一致を確かめあったこのクライマックス以降、ドリーの頬を染める赤面はわかりやすい恥じらいの記号である。しかし、この期に及んでも、過度なまでに心の中を曝け出しているのではないかという不安と、女性らしい慎みが入り交じっている。お茶に招いたジョーと腕を組んで部屋に入る時には、彼女は「顔を赤くすまい、てれた様子を見せまいと一生懸命になる」。ジョーが彼女を好きになった正確な日時を白状すると、「ドリーも半分は自分から進んで、半分は皆から強いられて、ジョーを『憎からず思っている』ことに自分で気づいたのはいつであったかを、顔を赤らめながら告白する」[57]。

表情は半ば隠され、言い逃れを許しているために、意味を汲みつくされないまま様々な層が反響し合う。お茶の場面でのドリーの赤面は、自己抑制の作用で感情の激発を免れた、密やかな関係を深めるもっとも繊細な感受性の呈示である。彼女を「イギリスの乙女」と呼ぶ時代の感性は、多層的な読みを要する感受性の奥行きと持続的な魂の資質に価値を置いたのである。

第三章　「明るい」顔色が語る

1　顔色の重要性

前章を振り返ると、ドリーの控えめな赤面は彼女の容貌の美しさを充分に引き立てていた。表情美、精神の美と、容貌の美の見事な融合である。現実には、この三つの美は顔色の問題として扱われることが多かった。表情の十台たる顔の表面の色艶が赤面の質を決定すると考えられたのである。当時の美容書を開いてみても、真っ先に重視されたのは顔色である。絶世の美女として知られるローラ・モンテズ（一八一八〜六一年）[1]は、美容書『美しさの鍵』（一八五八年）の中で、顔色のために三章も費やしている。最初の章「美しい顔色の獲得法」で、彼女は次のように述べている。

顔色の重要性は強調してもしすぎることはない。ジュノーの顔立ちが冴えない肌だったら、決して魅惑的ではないだろう。額、鼻、唇は大きさ、形の点で非の打ちどころがなくても、明るい顔色（bright complexion）でなければ美しく見えることはまずない。もっとも美しい眼でさえも、表情のない顔色に囲まれていたら、その魅力の半分を失うことになる。（中略）「精神のインデックス」をできるだけ清潔で、明るく、美しく保つことがふさわしい。(2)

女性の美しさは目鼻立ちが整っていることよりも、顔色の善し悪しで決まるとしている。では、モンテズが称揚する「明るい顔色」とは、どのような容色を差すのだろうか。多くの美容書が指摘するように色白であることは、美しいことと同義であった。比喩的に純潔も意味したようだ。アレグザンダー・ウォーカー夫人は、浅黒い顔色が「メランコリー、陰気、不幸」を示すのに対し、色白は「清らかさ、上品さ、快活さ」を示すという意見に賛成している。(3) 顔色と気質のこのような相関は、観相学書でも詳しく解かれている。(4) だが、紙のように白く、水のように透明であれば、美しいと見なされたわけではない。表情を伴い、内面の何かを示すこと、「精神のインデックス」たることが求められたのである。ウォーカーは、黒い肌と比べて、色白の肌は「全体的な輝きと素晴らしさに加え、無限の色調、その絶妙な混ざり具合や、あらゆる移ろいやすい感情を美しく表現する」(5) と評価している。別の美容書では、白人女性は常に顔色の「清らかさ、はつらつとしていること、輝き」(6) に関心を持っていると述べている。明るい顔色とは、若々しく、おそらく肌理の整った色白の肌で、何より、繊細な女性らしい感情を表情として表すことのできる、ある種の透明感を備えた肌と考えられたようだ。

つまり、顔色は外面の問題でありながら、その実、生まれ持ったキャラクターや精神のありようを語ることになったのである。本章と次章では、美容書や雑誌の編集者のアドバイス、顔色をよく見せるための商品等を分析することで、顔色に課された表情とキャラクター表象の役割を明らかにする。

2 顔色の道徳性

(1) 良い顔色を得るための努力

顔色を良くするための典型的なアドバイスは、身体を清潔に保つことと、健康な体をつくることだった。

> 化粧に効果はありません。早起き、戸外の運動、石けんは使わず、温かいお湯での朝晩の洗顔が唯一の改善法です。新鮮な空気、運動と節食は素晴らしいお医者様で、健康を見事に修復するものであり、そこには器官性障害は存在せず、治療同然なのです。(7)

これはファッション誌、『レディーズ・トレジャリー』（一八六三年）の編集者の言葉である。読者からの質問に答えるコーナーには毎号、似たようなアドバイスが掲載された。「良い顔色は胃腸の調子が良好なこと、身体全体が健康なことを意味する(8)」ので、獲得したければ、健康維持と増進を心がけよというわけである。運動の後に、洗顔や入浴によって、皮膚の表面についた汚れを落とせば一応、完了である。

運動によってもたらされる良い顔色は、適切な衣服の着用で保持されると考えられた。エチケットブック、『上流階級の習慣』（一八五九年）は、乗馬用の前折れ帽が顔色に与える効果を、「前折れ帽ほど顔のみずみずしさを確保するものはありません。すがすがしく、顔の周りに空気を自由に循環させる一方で、焼けるような暑さや壊滅的な突風から、目や額、あごのほとんどを守るからです(9)」と述べている。

健康な身体づくりと並んで、もしくはそれ以上に奨励されたのは、ドレスの顔映り効果の研究である。美容書『女らしい美しさ』（一八四〇年）は、「ドレス」章の第三節に「色」を設け、「顔色との関係」、「コントラストによる顔映りの適用」、「色白、または色黒の場合」、「コントラストによる色の軽減」など、全一八項目を立てて解説している。口絵3は、顔色で赤味が勝っている場合である。「顔の周りに赤を配置すると、コントラストにより黄味と青味が優勢になるので、結果として、顔の赤味が目立たなくなる。(10)」と、著者は解説している。逆に、緑を配置すれば、顔の赤味が強調される。同様のアドバイスは、『美における真実』（一八九二年）にも見られる。「色選びの普遍的法則は、あなたの顔の主な色合いにしたがうことです。顔の欠点で黄味が強過ぎる場合、顔の周りに黄色を使えば、コントラストによってこの不具合は取り除かれます」[11]。

一方、ボンネット（帽子の一種）の裏地選びには、反射による色彩効果が推奨された。裏地の色は顔に反射するので、「顔に欠けている色あいを選ぶべきである」と、『女らしい美しさ』はアドバイスしている。それゆえ、「裏地が直接見えないように配慮すべきである」[12]と。顔の周りに緑を配した場合、コントラストにより、頬の赤味が強調されることは先に示した。これに、ピンクの裏地を付けたボンネットを組み合わせれば、反射効果により、頬はさらに赤味を増したように見えるだろう。おそらく、赤面したように。さらに進んで、色調に配慮せよとアドバイスすることも珍しくなかった。ファッション誌『クイーン』（一八八四年）は、次のように述べている。

しばしば外国人から言われることですが、イギリス人は「色に対する感覚がない」し、実際、調和しない色合いが混ぜ合わされるのを見ると、そう言われても仕方ないと思わざるを得ません。女性たちは、わずかな陰影の変化で大きな違いが出ることを見逃しがちで、たとえば、鮮やかな薄緑色は、繊細で透明感のある顔色には似合いますが、青みがかった緑は決して同じようにはいきません[13]。

色に敏感であることは、階級指標でもあったらしいから[14]、レディーを自認する人は、この意味でも気を配るべき事柄だったのである。『ヤング・レディーズ・ジャーナル』(一八七一年)も、「大変色白な女性によって着用されたイブニングドレス」の成功例として、極く淡い色合いの海緑色のサテン製ドレスを紹介している。[15] また、『レディーズ・ガゼット・オブ・ファッション』(一八八二年)は、ヴェールや薄いフランネルの被り物について、「空色のトリミングに、とても淡い一連の色調は、色白の少女には効果的で似合いますが、浅黒い肌には、豊かな茶色で色調を中和する必要があります。豊かな茶は平凡な顔色には逃げ場的な色です。[16]」と、色調調整のテクニックを読者に伝えている。

また、『クイーン』の編集者は、着用場所の明るさによっても、ふさわしいドレスの色が変化するので、熟慮を要するとアドバイスしている。ろうそくに代わって、より明るく、安全なオイルランプが一八四〇年代から、さらに一八八〇年代以降には、ガス灯が家庭で使われるようになった。[17] 光源の発達によって、顔は昼夜を問わず照らし出されることになり、種類によっては、顔色が悪く見えてしまう心配も生じたのである。ディケンズの初期の作品、『英国紳士サミュエル・ピクウィック氏の冒険』(一八三七年)には、「あの娘たちの顔色がもう少し、あとほんの少しだけ明るかったら、けっこう美人かもね――ただし、蝋燭の灯のもとで[18]」という一節があるが、時代が下るにつれ、女性たちは新たな照明器具の脅威にも晒されることになったのである。[19] これに乗じて、生地屋が次のような広告を出すこともあった。素材は特上のモヘアで、「驚くほど軽く」、絹のような手触りだという。

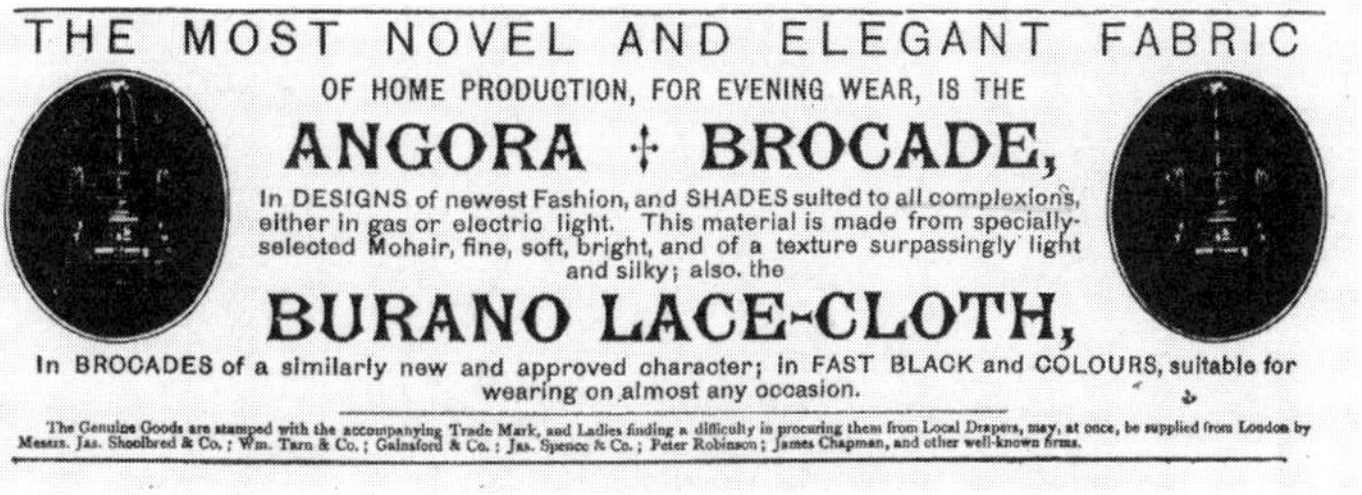

図3-1　「アンゴラ・ブロケード」の広告（1884年）

国産、最新、エレガントな生地、イブニング用「アンゴラ・ブロケード」：最新流行のデザインで、ガス燈でも電気の下でも、すべての顔色にふさわしい色調（図3-1）。

顔色がこれほど重視されたのは、それが健康状態（個人の身体内部の状態）を表示しただけでなく、キャラクター（個人の精神）を可視化すると信じられたからである。前章のヒロイン、ドリー・ヴァーデンを思い出してみよう。作者は、「このような桜色の装身具が彼女の目の輝きを引き立たせ、彼女の唇と彩りを競い、顔の薔薇色にいっそうの朱を加えているその悩ましさは言うまでもない[20]」と描写していた。「桜色の装身具」(cherry-coloured decorations) とは、桜色のマントと同色のフード、その上に被った桜色のリボンがついた麦わら帽子である。『女らしい美しさ』の色彩論によれば、桜色のマントとフードはドリーの「顔の薔薇色」をコントラストによって相殺してしまいそうだが、ディケンズは色調、または、反射効果を期待したのだろう。それらは彼女の容貌の美しさを強調し、コケットとしての魅力と「花咲く少女」であることを繰り返し表現することで、恋人のジョーだけでなく、馬車製造所の青年、徒弟のタパーティット、その他大勢を虜にした。

『レディー・オードリーの秘密』（一八六二年）でも、ドレスの顔映りがキャラクター表象に深く関わっている。レディー・オードリーの侍女は、「容貌はすばらしい」が、「色に欠けていた」[21]。その彼女が女主人のドレスを譲り受け、ウエディングドレスとして着用する場面がある。それは「デリケートなグレーのシルクドレス」で、レディー・オードリーが着たときには、彼女の「ピンクとバラ色」の顔色をよく引き立て、可愛らしくみせたが、「黄ばんだ」顔色の侍女が着ると、「おぼろげな、影のようなレディー」になってしまった。彼女はあまりに青ざめて、霞んだように見えたので、「迷信深いよそ者だったら、教会の地下納骨堂に埋葬された、亡くなった花嫁の亡霊と取り違えたかもしれない」[22]とブラッドンは書いている。「黄ばんだ」（sallow）は、「冴えない」（muddy）、「青ざめた」（pale）、「青白い」（pasty）などとともに、顔色の悪さを表現する言葉である[23]。ここでは、地下納骨堂の薄暗く、湿ったイメージと重なり合って、「黄ばんだ」に特徴的などんよりと濁った色合いが強調され、侍女の陰湿なキャラクターが露見している。彼女はレディー・オードリーに影のようにつきまとい、それとなく女主人を強迫する邪悪な人物だった。

実用的なアドバイスでも、顔色とキャラクターの対応づけは明瞭である。「花咲く顔色（complexion in bloom）は化粧品知らず」[24]などと、唱うのだから。A・F・クレールとW・M・ウォレスも、著書、『健康のための家族への助言』（一八二六年）の中で、「素晴らしい顔色」（fine complexion）を得る方法として牛乳と種による食餌療法を紹介し、その効果を「無類の花盛り、赤面と明るさ（inimitable bloom, blush, and brightness）がもたらされる」[25]と豪語する。顔色を良くすることで、「花咲く少女」であること――社会的、性的に成熟し、結婚の準備ができた、道徳的に正しい女性――を示すのだ。このプロセスを彼等は次のように説明している。

このような療法が充分に続けられるならば、血液は赤味を増し、調子が良くなり、薄くなるので、透明な表皮を自由に、体内の血管、毛細血管の隅々まで行き渡るようになる。それと同時に、キューティクルを滑らかにし、透明感をもたらすので、朱の赤面と自然で健康的な白さが顕著となる。[26]

顔色の善し悪しは血液の質と流れ具合、そして、キューティクルの柔軟性と透明度にかかっている。キューティクルが薄く繊細ならば、血管を通る血液の澄んだ赤色は明るく見え、「自然で健康的な白さ」が際だつ。「朱の赤面」は、そのような「明るい顔色」に「花咲く少女」の印として現われたのだ。

若い女性の中で、どれくらいの人がこの「明るい顔色」を目指しただろうか。著者が思うに、ほとんど全員である。なぜなら、次に見るように、顔色には「明るい顔色」と「不健康な顔色」の二種類しかなく、後者は道徳的非難の的にされたからである。

んに説かれた。

（2） 弾劾される不健康な顔色

不健康な顔色の代表格は、赤ら顔（reddening face）と顔面紅潮（flushing）だった。改善法が盛

もし、消化不良が不快症状［赤ら顔］の原因ならば、ゆっくり食べて、長い時間何も食べないことがないようにしなさい。ねり菓子、紅茶、ソースやピクルスなどを控えなさい。胃酸過多があなたのいう辛い顔面紅潮を起こすならば、ヴィッキー水を飲みなさい。ただし、この場合、医師の指導を受けるべきです……。(27)

赤ら顔は、消化不良や血液循環不良によってもたらされると考えられており、食事療法や薬の服用、(28)または、適度な運動が改善策として勧められた。顔は赤ければ赤いほど良かったわけではなく、赤過ぎても（赤ら顔）、赤くなる頻度やタイミングが悪くても（顔面紅潮）、繊細な感受性表現とは見なされず、不健康に分類されてしまったのである。これに悩む女性は多く、「夕方、ひどく顔面紅潮することに悩んでいます。他の時間は、青ざめているのに。どうすれば治療できるのか、誰か教えて下さいますか？」(29)と、雑誌の編集者に尋ねる読者もいた。次のような編集者からのコメントもあった。顔面紅潮と赤面の受け止め方の違いに注意したい。

顔面紅潮には二つの原因があります。組織の循環が妨げられている場合か、社交なれしていない場合です。前者ならば、運動で回復するでしょうし、後者の場合は、見知らぬ人達の間により頻繁に混じることで、すぐにその傾向は乗り越えられるでしょう。赤面がきまり悪いほどの状態に達するのでなければ、そうでない場合よりも興味深いものです[30]。

顔面紅潮は、いわば品のない赤面である。それは粗野な性質と教養のなさを暴露するにすぎない。内面を過度に晒すことへの警戒と、適切な機会には感情の抑制を解く必要が、女性のための情動表現の規範に輪郭を与えていたのだ。

不健康な顔色には、そばかす、ほくろ、肌のテカリや肌理の粗さも含まれていた。『イングリッシュウーマンズ・ドメスティック・マガジン』(一八六八年)に投書したある若い女性は、「肌理がとても粗く、不健康に見えるので、とても顔色のことを気にかけている[31]」と訴え、別の女性は、「誰かそばかすを治療する方法を知りませんか[32]」と読者欄に寄せている。この女性は「生まれつき色白だった」が、日焼けしてそばかすだらけになってしまったという。医学雑誌も、「そばかす、嫌な吹き出物、時ならぬ赤面、血色の悪さ、赤ら顔、黄疸にかかった色合い」を伴う顔色は化粧品に頼るのではなく、医者に相談すべきであるとアドバイスした[33]。治療対象は内臓の不調や循環不全による顔色の悪さだけではなかったのである。さらに、雑誌には、「肌の健全な活動と明るい顔色を作るために特別に調合された」錠剤、「コンプレクション・ピル」(Complexion Pills)[34]なる商品の広告まで掲載され、顔色を良くすることが強迫観念のようになっていたことが窺われる。

女性たちが不健康な顔色を恐れたのは、それが不道徳の印と解釈されたからである。放縦、暴飲暴食、虚飾の結果として、それは身体でもっとも人目につく顔に、図らずも描き込まれてしまった烙印と見なされたのだ。これは、「尊厳に値する」中産階級の一員であることを自認する女性にとって、絶対に避けたいことだった。消化不良や運動不足による顔色の悪化は節制が足りない。たまの夜更かしでさえ、要注意である。ブラッドン作『弁護士の秘密』には、二人の若い女性に伯母が小言をいう場面がある。「それでは、二〇分だけですよ、あなたたち」、「軍人の集まりのために一〇マイルも馬を走らせるような不埒な人のために、あなたたちの顔色を台無しにするのを許すわけにはいかないわ(35)」。「あなたたち」とは、男性だけのディナーに出かけた婚約者の帰りを待つ若い女性とその友人である。婚約者は一一時に帰宅するはずだったが、帰ってこないので、あと三〇分だけ待つことを彼女たちは伯母に懇願したのだった。

また、しみ、そばかす、赤ら顔の防止策は雑誌、美容書で広く紹介されていたから、顔に印が描き込まれるまで放置するのは怠惰、または、自己管理能力の欠如にほかならない。原因が虚栄心の場合とは、次のようなことである。

特に、鼻先の赤みを伴う顔面紅潮。あなたの場合も、お姉さんの場合も、不節制から起こるものではないと、私どもは直ちに思います。ですが、タイト・レーシング（tight lacing）のためではないとも確信しかねます。というのは、この有害なしきたりがもたらす多くの弊害の一つは、頭に血が上ることだからです。タイト・レーシングの罪を犯していないならば、あなたを悩ませる顔面紅潮は胃酸から生じるのかもしれません。(36)

「タイト・レーシング」とは、コルセットを極度に強く締めつけることである。一八七〇年代には、その賛否が「論争」になるほど世間を騒がせた。引用文献は一八六〇年のものなので、世論をかき立てるまでには至っていないはずだが、編集者はタイト・レーシングを「有害なしきたり」と、強い調子で非難している。コルセットを無理矢理締め上げることで細いウエスト（理想のサイズは一八インチ）を獲得し、ファッショナブルでありたいと願うのは虚栄心に他ならず、それによって引き起こされた顔面紅潮は「多くの弊害」の一つであると同時に、罪の報いというわけだ。虚飾による顔面紅潮は、「不摂生」とは多少違う印――「特に、鼻先の赤みを伴う」――を顔に描き込んでしまうので、見る人には、「直ちに」わかってしまったのである。

要するに、不健康な顔色は情動表現の規範からの逸脱と、非難されてしかるべき生活態度や精神の表示と考えられ、それゆえ、弾劾されたのである。その対極にあるのが、「明るい顔色」だった。当時、女性を識別する際には道徳観が持ち出され、「無垢な女性」と「汚れた女性」の二種類しかなかったから、(37)彼女たちの顔色の分類もこのパターンにしたがったのかもしれない。問題は、「不健康」に分類される顔色の種類が圧倒的に多かったことである。「明るい顔色」を獲得することは容易なことではなかったのだ。

3　化粧非容認論

(1)　顔色と化粧

素肌の「明るい顔色」が喚起させる道徳性は、化粧を虚偽に貶めることで一層高められた。R・コーソンによると、「一九世紀は、一八世紀の高度で技巧的化粧法から、しているか否かわからぬほど薄くて自然な化粧、あるいはまったくしないという方向へ振り子が動き出したように見える。[38]」という。一九世紀半ばに書かれたエチケットブック、『上流階級の習慣』(一八五九年)の著者も、頬紅をたっぷりつけることが「身繕いの仕上げに必要」と、上流階級の女性の間で考えられていたのは一九世紀初頭までで、一八二〇年代にさしかかるころには、この習慣は廃れたと証言している。[39]

このように、ヴィクトリア朝期には、厚化粧は流行っていなかったのである。顔色と化粧の関係を考える時に抑えておくべき第一のポイントである。これは部分的には、清潔に対する意識の変化を反映している。身体を清潔にするとは、多量の香水や化粧品を身体にふりかけ、上辺の効果と奢侈を追求することだったが、一八世紀後半以降、清潔は「わざとらしい思わせぶりに取ってかわるもの」、「みずみずしいエキス、生命に満ちあふれたもの、そしてなによりもまず身体の力と結びつく」ようになったという[40]。そして、清潔であることは「身体を守り、鍛錬すること」、身体をきれいに保つことは「身体が円滑にはたらき続けること」を意味するようになった[41]。先に引用した『上流階級の習慣』の著者は、この変化を「ひいおばあさま」の時代の化粧品の大量使用と比較して、次のように述べている。「我々のひいおばあさまたちは、身体をきれいにしておくことに関して厳格ではありませんでしたから、不潔を隠すために香りが必要とされ、荒廃を修復するために化粧品が塗布されたのです」。ところが、「今や我々は、毎日、身体を洗う」ことで、身体の衛生を保つのである[42]。さらに、清潔であることは知の言説によって内面化され、道徳的であること、秩序だっていることまで意味するようになったという[43]。このことは、一九世紀後半に人気のあった石鹸メーカー、ペアーズ社が『クイーン』に掲載した広告文でも明らかである。牧師のメッセージとして、「清潔が信心の次にくるものなら、石鹸は恩寵を得る方法であり、道徳的なことを奨励する牧師は喜んで石鹸を勧めるべきだ[44]。」と述べている。

したがって、毛穴を塞いでしまうような厚化粧は、不自然で脆弱、身体の機能を低下させ、それゆえ、道徳的にも怪しいと判断された。そもそも、肌を白く見せる白粉や、頬紅の原料には有害な金属化合物が含まれることが多く、深刻な健康被害をもたらしていた。美容書は口を揃えて被害の恐ろしさを語り、警告を発していた。「鉛はほんの微量といえども、一たび体内に入ってしまうと、何をもってしても無害化するのは不可能です。この上ない悲惨な結果を招くことは避けられず、手足の麻痺、萎縮、痙攣、体力の減退、腹部の激痛はごくふつうに見られる影響です[45]」、などである。市販品の成分を暴露して、化学反応の弊害を説くこともよく行われた。『レディーズ・トレジャリー』（一八六四年）は、「パール・パウダー」（本来は真珠層や牡蠣の殻からつくる）として広く販売されていた白粉の主成分はビスマス（蒼鉛）であると指摘し、亜硫酸ガスに晒されたり、木炭やコークス煙と接触することで、よからぬ反応を起こすと述べている。「顔色は青みがかった灰色になり、何を塗っても、どんな薬でも、根絶できない[46]」。この筆者によると、肌を白くする唯一の方法は、少量のヴァイオレット水に浸したフランネルのタオルで顔をやさしく擦ることである。

　これらの声高な非難に過剰反応して、化粧品はどんなものでも断固使用反対を唱える人も現われた。『イングリッシュウーマンズ・ドメスティック・マガジン』（一八六七年）に投稿したペンネーム、「良い顔色さん」（Good Complexions）は次のように語っている。

> 善良なる読者のほとんどは、顔色の話題に大いなる関心を抱いていると明言されます。恐れながら、私はとても色白で、繊細な肌理なので、大いに称賛されます。色の白さは生まれつきのものので、どんな化粧品もそれを作ることはできないと思います[47]（傍点引用者）。

色白は「生まれつき」備わった肉体の属性なので、化粧という人工的な手段に頼っても無駄であると主張している。しかし、「良い顔色さん」というペンネームに込められたやや過剰な自意識と説教口調から、彼女が本当に言いたいことは別にあったのかもしれない。化粧は生まれ持った顔色を偽る「作為」である……など。

物語では、化粧は常に不道徳と直結し、時に手厳しく制裁された。『イングリッシュウーマンズ・ドメスティック・マガジン』（一八七〇年）に連載された小説、「ヘレンの持参金」がこの例である。作品では、エディスという名の若い女性が友人のウィニフレッドの結婚式でブライズメイドを務める。花嫁の次に目立つ役割を利用して、彼女は将来有望な男性を射止めようとする。つまり、エディスはハズバンドハンターである。当時、女性から男性に言い寄ることは、はしたないとされていたので、ハズバンドハンターは事実上、不道徳と同義である。彼女はまず、ブライズメイドの衣装を決める際に、「彼女の顔色が引き立つように、他のブライズメイドの顔色を犠牲にして」ドレスの色を選ぶ。この策略がうまくいくと、「勝ち目がある」(48)とほくそ笑む。そして、いよいよ結婚式当日。彼女の元に、中身不詳の貴重品入れが運び込まれた。

支度が終わると、エディス・ボインは彼女自身の批判的な目をも満足させるのに充分美しかった。顔色は白とピンクで、金色の髪、濃いまゆ毛、ドレスに付けた明るい青の装飾のすべてが鮮明に、効果的にコントラストをなし、一体になって、特定の画派の崇拝者を魅了する。そして、種々さまざまな、神秘的に見える補助と器具が詮索好きな目から注意深く隠され、予定時間の数分前に部屋が解錠されると、エディスはりりしく、爽やかで、魅力的な様子で部屋を出て、他の者といっしょになった(49)。

抜けるような白い肌にピンクの頬は、ドレスにつけた装飾の顔映り効果だけでなく、「種々さまざまな、神秘的に見える補助と器具」によって人工的につくられた結果である。その器具は使用後、人目につかないように貴重品入れにそっとしまい込む必要のある、やましいものだった。

実は、エディスはウィニフレッドの結婚相手、エドワードに横恋慕していた。彼女は他の男性を魅了して、うっぷんを晴らすために、顔色が栄えるドレスを選び、化粧で美しい顔色を作り上げたのである。化粧は彼女の低いモラルが選択した手段であり、偽りの心を隠す覆いでもあったのだ。だが、エディスの人工美は長くはもたなかった。純白の花嫁衣装を纏った幸せそうなウィニフレッドを目にすると、エディスは嫉妬の炎に燃え上がり、本性を露にしてしまうからである。「最高の化粧品も、怒りで震えた唇と嫉妬の眼差しを魅力的にするには無力だった(50)」。結局、彼女の企みは失敗に終わった。

化粧でつくった美しさの虚偽性は、素顔に現われる豊かな表情との対比によっても示されている。化粧っけのないウィニフレッドは、「優しく、無垢な顔」と描写され、婚約者の冗談にもはにかんで頬を染める。「『彼は私をケーキと言うのよ、ママ』と、ウィニフレッドは幸せそうに笑って、頬を染めた(51)」。これに対し、化粧で顔色を偽ったエディスは赤面しないどころか、怒りで顔が醜く歪むのだった。

ここで明らかなのは、次の連鎖である。何かやましいことがある人は、化粧によって顔色を偽る。そういえば、娼婦（当時、「堕ちた女」と呼ばれた）を描写する際の常套手段は、派手なドレス（しかし、ぼろぼろである）と真っ赤に紅をさした頬の組み合わせだった。それは彼女がイノセンスを喪失していること、立ち直ることのできない苦境に陥っていることを示す記号だったという[52]。この場合、化粧は不浄の烙印である。『上流階級の習慣』の著者も、読者に次のように警告している。「すべての化粧の魅力は、それがつくられたものであると解ったときに消え失せます。私たちは、その下にあるものを想像すると身震いがします[53]」。『クイーン』（一八八四年）の編集者でさえ、コラム「宮廷用ドレスに関するヒント」の中で、次のように釘を刺している。

最後に一言警告。紅や白粉、その他、顔色のために何らかの補助を使用しているご婦人方は、バッキンガム宮殿の中の照明は強烈で、画廊の天井からの明かりは、細心の注意を払って守っている化粧の秘密をほぼ間違いなく暴露することを、よく覚えておきましょう[54]。

このような脅迫めいた警句が氾濫していたのは、化粧は豊かであるはずの表情を無表情に変えてしまうと懸念されたためでもある。喜び、悲しみ、不安や狼狽など、様々に変化する情動を活き活きと表す顔こそ美しいと考えられていたから[55]、無表情は醜である。化粧がもたらす無表情に対する嫌悪は、「表面を覆った鋳型」や「厚塗りのミイラ」などの表現からも窺える[56]。『イングリッシュウーマンズ・ドメスティック・マガジン』（一八七〇年）に投書したデイジーという名の女性は、「生まれつき素晴らしい顔色に恵まれなかったので、当分、技巧によって改善を試みてきました。しかし、色々試すうちに、化粧は必ず不愉快な、死んだような風貌を肌に残すことに気づきました。[57]」と告白している。デイジーに対するアドバイスは、早起きによる生活習慣の改善と戸外での運動である。

厚化粧は表情を消しただけではない。別のものに作り替えもした。道徳上の非難が集中したのは、まさにこの点だった。『レディーズ・ガゼット・オブ・ファッション』（一八六四年）は、強い調子で次のように訴えている。

そのような習慣［頬紅の使用］が男性の胸に起こさせる嫌悪にも関わらず、愛と称賛を煽るために不愉快で、疑わしい方法に訴えるいやらしい虚栄心にも関わらず、軽薄なだけで心が空っぽな女性は化粧をし、ずっと続けるでしょう。（中略）こうして、女性たちは欺瞞に生き、咲き誇る健康は思わせぶりで、病弱と病気を塗り込めるのです。[58]

この筆者に「欺瞞」と言わしめたのは、化粧をすることで「病弱と病気を塗り込め」、「軽薄なだけで心が空っぽ」を思わせぶりな表情にすり替えてしまうことだった。もはや化粧品の成分は問題ではない。なぜなら、高級紅の原料で、無害ということになっているコチニールさえ、「不快なものの中で、もっとも不快なナンキン虫に似ていなくもない昆虫から拝借したのである！」と、筆者は罵倒するからである。

化粧は顔色から内面の可読性を奪い取る。さらに悪いのは、可読性を混乱させることだった。内面を偽る行為の一つとして、化粧は否定されたのである。

(2) 化粧と赤面

したがって、化粧で偽りの赤面までつくり込むことは不道徳の極みだった。これは、ウィリアム・メイクピース・サッカリー（一八一一～六三年）の代表作、『虚栄の市』（一八四七年）の中で語られている。この作品はワーテルローの戦いの数年前から一八三〇年代半ばごろまでを舞台にしているが、作品出版当時の世相を鋭く風刺しているとしばしば指摘される。したがって、本著が扱う時代の感受性を反映するものとして扱う。

『虚栄の市』には、対照的な二人の若い女性が登場する。すれっからしの女傑、レベッカ・シャープと、「家庭の天使」のようなアミーリア・セドリである。レベッカは無一文の孤児で、学校を出ると、ガヴァネス（住み込みの家庭教師）として自活することになった。彼女の父親は貧しい絵描き、母親はフランス人の踊り子だった。一方、アミーリアはロンドンの金融街、シティーで活躍する裕福な商人の箱入り娘である。対照的なのは、二人の素性だけではない。レベッカが「蝮のような女」であり、「なんという海千山千なんだろう、あの可愛い女は！」と、登場人物の一人、スタイン卿をうならせるならば、アミーリアは「美しい盲目の献身的な愛」を持ち、「恋こそが彼女の信じるものだった」[59]。この二人のキャラクターの違いを、サッカリーは赤面の有無でも描き分けている。

アミーリアは俯いたまま、顔を真っ赤にしていたが、そんなに赤くなれるのも、芳紀一七歳なればこそであったろう。レベッカ嬢のほうは、少なくとも八歳のときに戸棚からジャムを盗もうとしているところを名付け親に見つかって以来この方、赤くなったことなどなかったのだから[60]。

アミーリアが「顔を真っ赤」にしたのは、恋人の名前が誰かの口の端に上ったからである（お茶の場面での、ドリーの赤面が思い起こされよう）。一方、レベッカの赤面は「羞恥心」によるものと思われるが、作者は早くも八歳にして彼女にこれを捨てさせ、いわば鉄面皮として登場させている。「序章」で指摘したように、ロマンチシズム時代の説教集では、「少女が赤面しなくなったら、彼女は美のもっとも強力な魅力を失ったことになる[61]。」と言われていた。解剖学者であるチャールズ・ベルも、「顔色の変化に感受性のかけらもみられない畜生の顔ほど憎らしいものはない[62]」と非難している。ヴィクトリア朝期の雑誌の編集者も、「赤面がきまり悪いほどの状態に達するのでなければ、そうでない場合よりも興味深いものです。」とコメントしていた。赤面する能力がないことは、繊細な感受性の欠如であり、女性らしい魅力の欠損を示すことに他ならなかったのである。

一方、アミーリアの赤面は彼女が健康で、「花咲く少女」であることも示している。アミーリア嬢をヒロインにするには、彼女の鼻はどちらかというと短めであったし、顔は丸顔で少し赤すぎたようである。とはいえ、彼女が顔を赤らめたときなど、それがいかにも健康的な薔薇色に輝き、唇は若々しい微笑でほころんだ[63]。色白で肌に張りがあり、透明感があるからこそ、彼女の赤面は傍目にもそれとわかるのである。そして、アミーリアの「薔薇色」の頬は許嫁、ジョージと一緒にいるときにこそ美しく輝いた。「ジョージはもちろん、アミーリアにかかりっきりだった。彼女はいかにも幸せそうで、燦々と日を浴びている大輪の薔薇とでもいった趣があった[64]。」と、作者は記している。

乙女の理想的なキャラクターと、心身の状態を赤面によって示すアミーリアに対し、赤面しないレベッカが持っていなかったのは、羞恥心だけではない。彼女は「慎み」も持ち合わせていなかった。驚くべきことに、彼女はその捏造を図る。

レベッカは彼女の緑色の目を慎ましやかに伏せたままだった。白いドレスを身にまとい、雪のように白い肩を露に見せたレベッカは、まるで、若々しくて危うげで、無垢で慎ましい乙女の純真さを絵に描いたような姿だった。「わたし、うんとおとなしくしていなくちゃだめよ」と、

彼女は自分に言い聞かせた。(65)

これはアミーリアの兄、ジョスを誘惑する場面である。「白いドレス」と、そこから露になった「雪のように白い肩」は「無垢で慎ましい乙女」の外見を演出することには貢献したようだが、内面の貴い資質を捏造することまではできなかった。結局、この誘惑は失敗に終わる。「序章」で紹介したアルバート・スミスは、フラートの裏表のあるキャラクターを「自分の美しさを意識して頬を輝かせ、おとなしそうに眼を伏せて偽る」(66)と述べているが、レベッカもその通りである。コケティッシュなキャラクターの下に、真の慎み深さを持っていたドリーとは正反対でもある。

レベッカとは、このようなキャラクターの持ち主である。彼女をこうもあけすけに富と快楽の追求に走る人物に仕立て上げることができた理由の一つは、彼女の出自にあったかもしれない。レベッカの母親はフランス人の踊り子だった。労働者階級であるだけでなく、フランス人であるために、性的に放縦というニュアンスがつきまとったのである。その娘であるレベッカが、「いつも、念入りに化粧し」、頬紅を差してから会う異性がいた。社交界デビューに力添えしてくれそうな、スタイン侯爵を迎えるときである。

「頬紅をさしていたにきまっているじゃないか。（中略）」。「侯爵さまがお出でくださったときに、わたくしがわが身を綺麗にしようとして悪いことはございませんでしょう?」とレベッカは、ちょっと悲しそうな素振りを見せて言うと、ハンカチで頬をそっと拭った。たぶん、自分は頬紅などまったくさしておらず、嬉しさ恥ずかしさで顔を赤らめているとでも言いたかったのだろう。しかし、これが功を奏したかどうかはよくわからない。筆者の知識でも、ハンカチで擦ったくらいでは取れない頬紅もあるというし、涙を流しても少しも崩れないものだってあることはわかっているのだから[67]。

レベッカは頬紅を差すことで、「嬉しさ恥ずかしさで顔を赤らめている」（only genuine blushes and modesty）ように見せかけたのである。慎み、イノセンス、志操堅固など、女性らしい魅力を全部まとめて捏造したのだ。それは、社交界デビューという分不相応な目的を達成するためだった。彼女はすでに結婚している身なので、夫以外の男性と二人きりで親密な会話を交わすことも、当時の貞操観念に抵触する。化粧で偽の赤面を作り、スタイン侯爵と逢い引きすることは、幾重にも不道徳な行為だったのである。作者はレベッカに「ちょっと悲しそうな素振り」と言い訳をさせるが、それに対する反論を加えることで、作為としての化粧、偽の赤面の舞台裏を意地悪く暴いている。

この後、レベッカの化粧で作った赤面が功を奏する場面がないわけではないが、それはパーティーでの余興[68]という特殊な状況においてである。一方、育ちが良く、純心なアミーリアは終始、素顔のままである。自然な赤面によって、彼女はジョージにとっての「花咲く少女」であることを示したのだった。

化粧を、内面を偽る悪徳行為と捉えることで、素肌の「明るい顔色」が放つ道徳性は神聖化され、守るべき規範に威信が与えられた。不健康で怠惰な生活を避け、顔の表面を清潔にし、体内を清浄に保ち、自分の顔色に合うドレスをあれこれ試すこと。このような道徳的努力の積み重ねによって、頬に美しい赤面が現われ、「花咲く少女」であることを表示するのだ。内面の高い道徳性と可視性は、表情の土台としての顔の色つやと肌の肌理を整える個人の努力で確保されるのである。

第四章　化粧の美徳を説く

1　現実的な問題

前章では、「明るい顔色」の道徳性とそこに現われる赤面の価値を、「不健康な顔色」との対立、顔色、表情を偽る行為としての化粧から明らかにした。しかし、実際問題として、顔色は情動表現の規範に直結するがゆえに、悩みは深刻かつ、複雑だった。蒼くても、赤すぎてもいけなかった。ブラッドン作、『医者の妻』に登場したソフロニアを思い出そう。彼女は美しく赤面しなかったために、消化不良と誤解されてしまった。彼女がだらしない生活をしていた兆候はなく、単に顔の表面の問題だったにもかかわらず、消化不良→不摂生を疑われたのである。彼女の身体の機能にも、欠陥はなかったはずだ。だが、どうした訳か、美しい（はずの）内面は、顔色によって適切に映し出されなかったのである。前章で考察した方法を実行しても、顔色が正しく機能するとは限らなかったのだ。これに打つ手はなかったのだろうか。

化粧をすることである。実は、美容書も化粧を勧めることがあった。素顔がもたらす「明るい顔色」を提唱した『美しさの鍵』の著者、ローラ・モンテズは、厚化粧を「表面を覆った鋳型」、「厚塗りのミイラ」と罵倒したが、もう一方では、「不健康や心配事で薔薇色を失った美しい女性が、植物性の紅で少し頬を色づかせるくらいは許しても良い」[(1)]と書いている。さらに、「経済的なだけでなく、安全だから」[(2)]という理由で、自前の化粧水、クリーム、白粉他、様々な化粧品のレシピまで開陳している。これらは、一冊の本の中での記述である。また、世紀末に出版された美容書、『淑女の衣装部屋』（一八九二年）でも、「いかなる化粧品も使ってはいけません。紅はどんなものでも肌に悪く、白粉は危険です」、「普通のエッセンスや軟膏、市販の白粉は効果がまったくないか、望むのとはまったく逆のものを作ります」と述べた直後に、化粧料の作り方を伝授している。[(3)]驚くべきことに、このような展開は多くの美容書に共通する。

つまり、化粧の可否を巡って、二つの相反する言説が併存していたのである。一九世紀末に近づくにつれ、化粧は容認されていったとよく言われるが、世紀末に至っても、依然反対意見は根強かった。その一方で、世紀中葉でも、女性たちは条件さえ整えば、後ろめたさを感じずに化粧をすることができたのだ。化粧を罵倒しておきながら、かつ、奨励することこそ、ヴィクトリア朝期の特徴である。本章では、一見矛盾するこの態度を考察することで、顔色に課されたヴィクトリア朝的役割の多様性を明らかにする。

2　化粧肯定論

(1)　化粧は虚偽ではない

化粧が問題視された理由をおさらいすると、1．健康被害の懸念、2．衛生観を損なう、3．化粧は作為であり、それゆえ不道徳、だった。まず、化粧品の使用を肯定する言説がこれらをどのように扱ったのか、考察しよう。

健康被害は現実的な問題であると同時に、広く行き渡った危機感でもあった。これはローランド製カリドール化粧水のように、『鉱物類一切含まず』[4]と明言することで対処されることもあった。しかし、より多くの化粧品製造者が採用したのは、身近かで、良いイメージを持つ野菜や果物、植物などが成分に含まれていることを示唆して、「これは化粧品（危険で悪いもの）ではない」と消費者の感情に訴えることだったようだ。たとえば、M・ビーチャム・アンド・サンズ社は、保湿クリームの商品名にキュウリを挟んでいる。「ビーチャム製グリセリン・アンド・キューカンバ」である。この商品は、肌の「どんな荒れ、赤味、ひびも取り除き」、「柔らかく、なめらかで、白さをもたらす」という（図4-1）。キュウリが実際に入っているかどうか、広告は語っていないが、たと

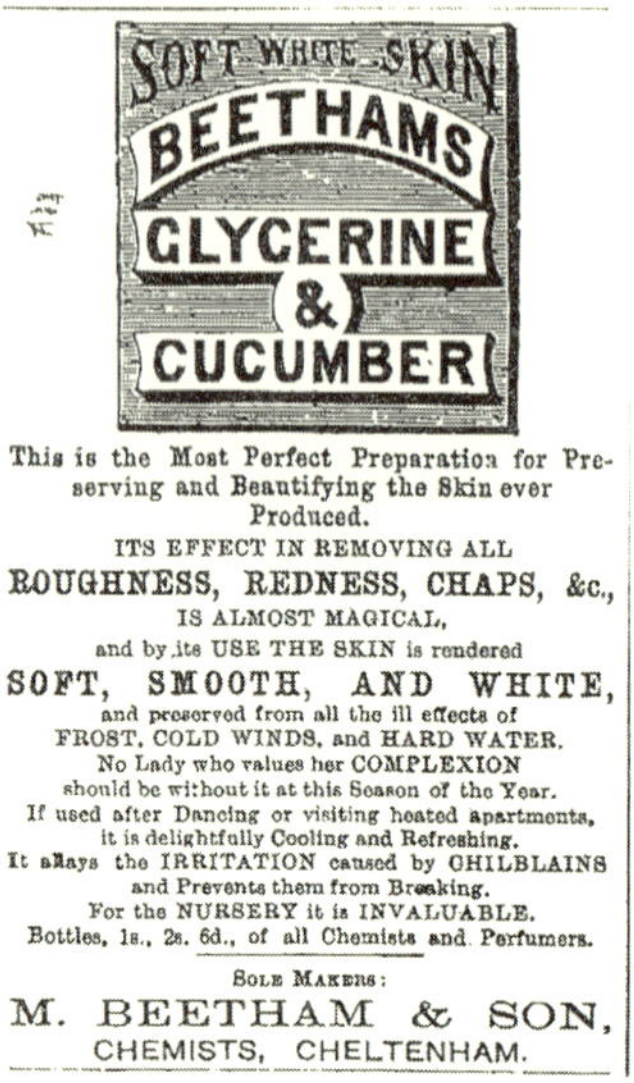
SOFT WHITE SKIN
BEETHAMS
GLYCERINE
&
CUCUMBER
This is the Most Perfect Preparation for Preserving and Beautifying the Skin ever Produced.
ITS EFFECT IN REMOVING ALL
ROUGHNESS, REDNESS, CHAPS, &c.,
IS ALMOST MAGICAL,
and by its USE THE SKIN is rendered
SOFT, SMOOTH, AND WHITE,
and preserved from all the ill effects of
FROST, COLD WINDS, and HARD WATER.
No Lady who values her COMPLEXION
should be without it at this Season of the Year.
If used after Dancing or visiting heated apartments,
it is delightfully Cooling and Refreshing.
It allays the IRRITATION caused by CHILBLAINS
and Prevents them from Breaking.
For the NURSERY it is INVALUABLE.
Bottles, 1s., 2s. 6d., of all Chemists and Perfumers.
SOLE MAKERS:
M. BEETHAM & SON,
CHEMISTS, CHELTENHAM.
図4-1　「ビーチャム製グリセリン・アンド・キューカンバ」の広告（1884年）

えこの製品を口に入れても、害がなさそうな安心感は伝わってくる。同社は他にも、ローズ・リーフ・パウダーを販売している。この白粉は単に「野バラの美しい色に似ている」だけだが、「ローズ・リーフ」の文字が「完全にピュアで無害な白粉、いかに感じやすい肌も傷めようがない[5]」の宣伝文句を本物らしくしている。野バラが想起させる素朴で自然なイメージは「ピュア」（混ぜものなし）で「無害」を保証するようだし、そうすることで、「道徳的に問題なし」まで期待できそうだ。ちなみに、ビーチャム社は一九九八年に廃業するまで、一五〇年以上もの間、イギリス人に親しまれてきた国民的製薬業者である[6]。また、図4-2（他社製品）は、「健康的な白、またはピンクの色合いを顔色に与える」と唱うク

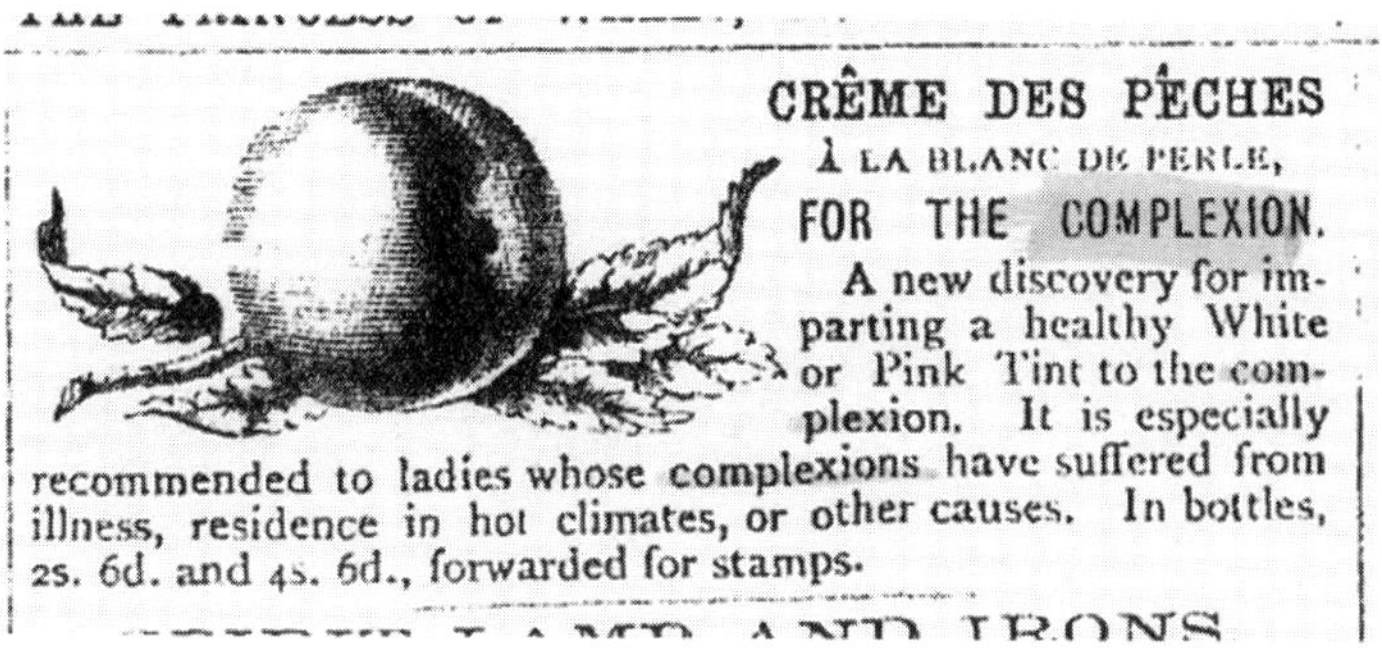
CRÊME DES PÊCHES
À LA BLANC DE PERLE,
FOR THE COMPLEXION.
A new discovery for imparting a healthy White or Pink Tint to the complexion. It is especially recommended to ladies whose complexions have suffered from illness, residence in hot climates, or other causes. In bottles, 2s. 6d. and 4s. 6d., forwarded for stamps.

図4-2　「クレーム・ドゥ・ペッシュ」の広告（1879年）

リーム、クレーム・ドゥ・ペッシュ（ペッシュは桃の意味）の広告である。葉付きの大きな桃が描かれ、このクリームは安全でデリケート、これを使えば、もぎたての桃のような肌理の細かい健康な素肌が手に入ると、消費者にメッセージを送っている。

実際、「ピュア」、「清らかさ」、「無害」を広告に使う化粧品は非常に多かった。ブライダル・ブーケ・ブルーム曰く、「やわらかさと大理石の清らかさを授けます」、ブルッセル製王女白粉は「ピュアで、芳香性の化粧品、肌からすべてのシミを取り除く」と唱い、サンダー製白粉は「デリケートな薔薇色で、完全に無害」だそうだ(7)。

一方、「不健康な顔色」になってしまったのは、放縦や不摂生のためではなく、社会的に作られた現実であるとほのめかすこともあった。クレーム・ドゥ・ペッシュは、「病気、暑い気候に居住、その他を患っているご婦人方に、特にお勧め(8)」と唱う。華奢な女性ならば、どんな病にかかるかもしれず、暑い気候に居住しているのは、父親や大の勤務のためであろうし、その他、日々の社交による精神的、肉体的疲労は数知れず、というわけである。ほぼすべての女性に当てはまる比較的軽い不調を挙げることで、顔色が悪くなるのは万物の法則であり、この商品を使用しても不道徳行為の結果を隠蔽するわけではないこと、消費者は後ろめたさを感じることなく、購入してよいことを示唆したのである。

「衛生的」であることをストレートに強調する商品も多かった。「不健康な顔色」と「明るい顔色」の間に「衛生」をねじ込み、衛生用品としての役割を主張する商品である。キングスフォード製キュウリ乳液は、「ホワイトニング、顔色の保持のために優れ、完全に安全で衛生的」[9]と唱う。アナ・ルパート製スキントニックも同様に、「すべての人はどういうことか解っている。筋肉を清潔にし、活性化させ、調子を整える」[10]と宣伝する。確かに、身体の鍛錬と健康を約束しているようだ。先に挙げたビーチャム製グリセリン・アンド・キューカンバは、ローズ・リーフ・パウダーの前に使用すると、「肌を透明に保ち、不快なしめりけ知らず」でいることができるとも広告している。化粧品の使用者が次のように証言することもあった。『イングリッシュウーマンズ・ドメスティック・マガジン』（一八七四年）のある読者は、アンティ・フェリック乳液を「秩序だった化粧での、衛生用品の一部と考えている」[11]と述べている。

「治療行為」である点を強調する製品もあった。化粧でごまかすのではなく、素肌を改善するならば、作為にはあたるまい。アナ・ルパート製スキントニックは「スキントニックは治療剤です」と明言する。中には、ローランド製カリドール化粧水のように大風呂敷を広げる商品もあった。

顔色のためのもっとも爽快な調合液。脱力感と弛緩を払いのけ、あらゆる熱と興奮を和らげ、弾力性の回復と肌の健康な状態を伴う、心地よい感覚を即座に提供する。塗布前のそばかす、日焼け、吹き出物、発疹、紅潮、シミは飛散し、肌の健康的な清らかさと繊細さが取って代わる。(12)

顔面紅潮、そばかす、その他で醜くなった「不健康な顔色」は、この化粧水一瓶で活力を取り戻し、醜い吹き出物その他は消え去り、「健康的な清らかさと繊細さが取って代わる」というのだ。

ローランドはロンドンのハットン・ガーデンズにあった、軟膏、歯磨剤、脱毛薬の専門店である。(13)『虚栄の市』の月刊本に毎月広告を出していたというから、(14)一八四〇年代後半にはすでに広く知られていたと思われる。『虚栄の市』の中でも、「ローランド・カリドールという薬がよく効くという、青春のシンボルが吹き出ていた」(15)と、思春期にさしかかった少年のニキビ面を描写する際に、サッカリーは商品名を出している。同製品の広告は、二〇世紀に入っても高級ファッション誌に度々掲載された。(16)もっとも、美容書の中には、ローランド製品の「ほとんどすべてが水銀やその他有毒の薬剤を含んでいる危険なもの」と指摘するものもあったので、(17)品質は保証の限りではないようだ。だが、効果の怪しい「インチキ薬」でも、長期に亘って売られることで弾みがつき、崇拝してくれるユーザーを生み出すというから、(18)半世紀以上もの間、販売され続けたローランド製カリドール化粧水もそれなりの人気を確立していただろう。ファッション誌『レディーズ・トレジャリー』（一八六二年）の編集者は、そばかすで悩んでいる読者に、「現在のところ、そばかすを取り除く方法は知られていません。しかし、ローランド製カリドールは肌にとても心地よく、皮膚を柔らかにするので、試してみることをお勧めします。[19]」と書いている。

このように、化粧品ではないと消費者に訴えること、治療薬や衛生薬品であると主張することで、化粧品の製造者たちは「作為」から距離を置いた。わけても、「ピュア」、「清らかさ」、「無害」を強調することで、製造者は若く未経験な消費者のイノセンスを守ると同時に、彼女たちの美しい内面を可視化する手助けを申し出ているような印象を与えたのである。

現実に、肌を最良の状態に保つことが難しいことは、雑誌の編集者も認めるところだった。「色白で明るい顔色は、並の容貌に大きな魅力を添えますが、自然の成り行きまかせでは滅多に得難いものです」。なので、湿り気、日光の遮断、温和な気候を「人工的に作り出す」クラブ製バームをお勧めします、と。[20] 加えて、肌のトラブルは一度回復しても、再発の危険が大いにあった。女性たちは「再発したらどうしよう」、「一度使用を止めたら、以前より悪くなるのでは？」という不安を抱えることになっただろう。また、化粧品の値段は数ペンスから、高くてもせいぜい数ポンドである。顔色に合うドレスをあつらえるよりもずっと安上がりだ。女性たちは益々悩むことになったはずだ。「化粧で顔色をごまかすなんて！」という道徳観と同程度に、「正しい化粧品を使って、なんとかしなければ」という強迫観念が働いたのだ。

そう、使うことが許されたのは、「正しい」化粧品のみである。確かなクオリティーと、「顔色を偽るためのものではない」という道徳性が必要だった。問題は、正しい化粧品を見分けることが難しかったことである。「ピュアで無害」を唱った化粧品の中には、ビスマスやその他の金属化合物が含まれた危険なものも確かにあった。[21] 誇大広告も珍しくはなかった。製品にファンシーな名前を付けて、目新しさと高級感を演出することもよく行われた。たとえば、一八三四年創業のパリの香水商、リメルは、ヴィクトリア女王から王室御用達許可証を得るほど信用の篤い店だが、[22] 次のようなネーミングの商品を扱っていた。「さっぱりした化粧水、五月のしずく」二シリング六ペンス、「目の輝きを増すためのエジプト・コール墨」三シリング六ペンス、「純正化粧パウダー、ヴェルヴェティーン」一シリング六ペンスなどである。[23] 詩的なネーミングはひょっとしたら危険かもしれない主成分を完全に隠蔽し、花咲く野原で遊ぶ小妖精の七つ道具のような趣きを与えている。異国の地名はエキゾチックな高級品のイメージを醸し出すだろう。もしかしたら、中身は旧来のままで、名前とパッケージだけ取り替えた商品も混じっているかもしれない。また、王族や貴族が使用していると称して、消費者のスノビズムを刺激しつつ、品質の保証までしてしまうあざとい商法もあった。ブルッセル製王女の白粉は、「元来、マリー・アントワネットの為に作られた」白粉であり、それゆえ、「デリケートな若々しい花盛りを顔色に与える」[24] ほどの効果だそうだ。一箱五シリング、一〇シリング六ペンス、二一シリンングの三種類があった。消費者の想像力を煽るネーミングは購買意欲を刺激したことだろう。

これらの販売促進法を一切合切詰め込んで、消費者から大金をだまし取ったのが、マダム・ラシ

図4-3　『ヴァニティー・フェア』の戯画（1870年頃）

ェルのインチキ美容サロンである。マダム・ラシェルこと、サラ・レイチェル・レヴァソンは一八六三年にロンドンの高級専門店街、ニュー・ボンド・ストリートに美容サロンを開設した（図4-3）。「永遠に美しく」（Beautiful for Ever）という大仰な宣伝文句をドアの上に掲げ、顔にエナメルを塗って、陶器のような艶を施すビジネスを華々しく始めた。広告文もかなり扇情的である。まず、イギリスの偉大な文明を称え、ヴィクトリア女王の美しさと聡明さを称賛することで、潜在顧客の気分を高揚させる。その後に、どんな美人でも一つは持っているだろう容貌に関するコンプレックスに話を進め、不安を煽るという戦術を取っている。

顔のほんのちょっとしたシミや傷は、それがなければ神々しいくらいに美しいのに、悲しく、寂しい独身生活を実に頻繁にもたらしてきました。誰からも愛されず、祝福されず、最後には悲しむ者

もなく、誰の記憶にも残らない独身生活です。(25)

結婚は、中産階級の女性の多くにとって、人生の目標だった。その機会を「顔のほんのちょっとしたシミや傷」のために棒に振り、一生独身生活を余儀なくされることになったら一大事だ。この人生最大の危機を救ってくれるのが、マダム・ラシェルが授ける「永遠に美しく！」の美容化粧品というわけである。彼女の美容サロンを訪れる顧客は一人一人、丁寧にコンサルティングされることで、より多くの不具合が発見されることだろう。しかし、トルコのイスラム教国王妃の美容師であり、コンサルタントとしての専門知識を持つと称する彼女の手に掛かれば、必ずや不幸な結末を回避できると、ラシェルは約束する。(26)それればかりか、「永遠に美しく」の文言は、顧客が結婚した後々まで美と若さを保ち、幸福を確保するかのようだ。顧客の現在の不具合を補修し、美を授けるだけでなく、老化という生物の宿命を反転させることで、美しさを永遠のものにするというのである。

これに騙され、裁判まで起こすことになってしまったのが、インド陸軍士官の未亡人だった。彼女はラシェルから、ある貴族との再婚を持ちかけられ、化粧品代、入浴コースを含む美容術、その他として、千四百ポンドを支払った。しかし、待てど暮らせど、貴族との縁談はいっこうに進まず、化粧品の美容効果もなかったことから、遂に法に訴えたのだった。一九世紀最大の化粧品詐欺、美容史に残る大スキャンダルだ。未亡人は「永遠に美しく」なるための代償として、現金の他、公債、亡夫との間で結んでいた夫婦財産契約により彼女の所有になっていた動産のすべて、年金までも失ったという。[27] 裁判の模様は全国紙で詳細に報じられ、大スキャンダルとして国中を駆け抜けた。[28] 一八六八年、ラシェルは詐欺の罪で、懲役五年を宣告された。出獄後、彼女は美容ビジネスに戻るが、数年後に再び詐欺の罪で懲役五年を言い渡された。

　ラシェルが販売する化粧品は、そのエキゾチックな名前と法外な値段で傑出していた。「サーカシア美容洗浄液」、「皺を取り除くためのアルメニア溶液」、「ハーレムのお気に入りパールホワイト」などは、いずれも一～二ギニー（一ポンド一シリングから二ポンド二シリング）で販売された。[29] しかし、一瓶一〇ギニーの「ヨルダン浸水」、二〇ギニーの「ビーナス化粧品」と値段は跳ね上がり、[30]「ロイヤル・アラビアン美容化粧品」の入浴コースに至っては百から千ギニーを請求した。カタログによると、この入浴コースはトルコのイスラム教国王妃のために特別に調合したもので、その複製はヨーロッパ王室の花嫁たちに使われるという。[31] 千ギニーとは、千五〇ポンドだ。中産階級の上層部の年収に匹敵する。そして、このちょっとやそっとの財力では体験できない入浴コースの成分とは、ふすまとお湯であったという。ふすま二つかみをお湯に入れた「ふすま湯」は伝統的なハーブ療法の一つで、湿疹、水疱瘡に効果があると信じられていた。[32]「サーカシア～」、「アルメニア～」、「アラビアン～」などのエキゾチックな商品名は、外国産の貴重なハーブが神秘的な方法で抽出され、そのエキスがたっぷり入っていることを想像させるが、実のところ、ただ同然のありふれた材料でできていた可能性が高いのだ。

ラシェルは、顔にエナメルを塗布し、皮膚呼吸を封じることを、肌に素晴らしい艶と輝きを与え、「永遠の美しさ」を実現することと言い換えた。これが「より女らしく、分別に欠ける女性の信じやすさに付け入」ることができたのは、一つには、若さを礼賛する文化のためである。リベイローによると、フランス革命以降、若々しいことが美の主要素になり、軽くシンプルなドレスによって誇張された華奢な身体と、若々しい顔色が少女期を過ぎたずっと後まで珍重されたという。赤面にしても、張りがあって透明感のある顔色に、血液の澄んだ赤色が透かし見えなければ、美しいとは言えまい。若さは、美しい表情の表出のためにも必須だった。(33)

また、値段の高さが品質を保証してしまうこともあったようだ。このことは、一八九八年出版の著書、『薬剤の処方』から伺える。著者、マックイワンは、次のように告白している。(34)

一般の人は「美しくするもの」と呼ばれる特殊品の類いに期待しすぎる。品物の値段が高ければ高いほど、大げさであればあるだけ、より一層成功するということがよくある。これは、現在我々が商っている品物に特にあてはまり、薬剤師の自尊心の危機の源である。(35)

良心的な薬剤師にとって、化粧品の調合は「自尊心の危機の源」になるほど心苦しかったようだ。客の求めに応じて調合する化粧品の質はそれほど低く、しかし、儲けは大きかったからである。化粧品の販売は薬局にとって重要な収入源だったので、薬剤師はなおさら悩むことになっただろう。

化粧品は「洗練され、裕福な人の趣味に訴え、美しい人、そして美しくなりたい人に訴え、調合の技と趣味のよい包装を披露する、すばらしい機会を小売業者に提供した」(36)とも、彼は書いている。

とはいえ、若く美しいように見せかけることは虚偽に他ならない。過剰な唱い文句にだまされる方にも非はあり、その意味では、罰が当たっても仕様がなかったのである。このことは、雑誌、『センサー』（一八六八年六月二七日号）に掲載された風刺画にはっきり現われている。「ラシェルとその子供たち」と名付けられたこの画では、薹が立った三人の女性が「永遠の美しさ」を求めて、彼女の美容サロンを訪れている。彼女たちの名は、「色欲」、「愚行」、「ファッション」である。この画に付いた戯れ歌は、消費者の煩悩と虚栄心をあざ笑う。「彼女［ラシェル］はあなたの頬を白くし、赤くし、ふっくらさせる。目尻の皺を塗りつぶし、灰色の筋を隠す。たいそう陽気で、うぬぼれ屋の六〇女が、化粧のおかげで四〇に若返ったと、あなたを説き伏せるまで」(37)。ブラッドンも、『レディー・オードリーの秘密』の八版改定版の中で、ラシェルの名前を虚偽の代名詞として、二度も言及している(38)。

ラシェルの裁判とそれに対する世間の反応は、化粧品を買い求める消費者にも、モラルが要求されたことを示唆している。心に偽りのない人のみが、化粧品を選択する権利を持っていたのである。「正しい」化粧品か否かは、消費者の道徳性にも掛かっていたのだ。

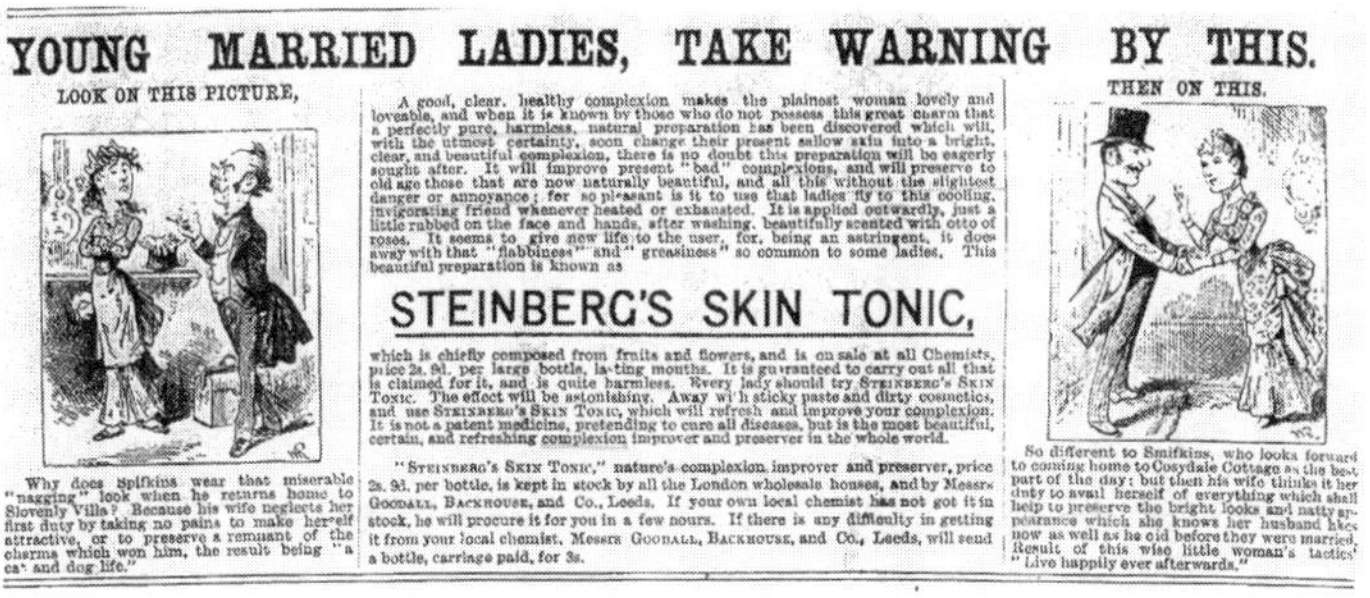

図4-4　「スタインバーグ製スキントニック」の広告（1884年）

（2）化粧をする理由

ローションを一本買うのにも、内面と相談しなくてはならないとは、ヴィクトリア朝期の女性は大変だ。しかし、考えなければならないことはまだあった。二つの広告から考察しよう。一つ目は、スタインバーグ製スキントニックである。この広告では、容貌に気を配ることをズバリ、女性の「義務」と位置づけている（図4-4）。左側のイラストは、「だらしな邸」(Slovenly Villa) に住むスピフキン夫妻である。夫人は「彼女の第一の義務である、魅力的になるための努力、または、夫を射止めた魅力の残骸を留めるための努力をまったくしないので、結果は犬猿の仲である」という。もう一方は、「居心地の良い谷間邸」(Cosydale Cottage) に住むスミフキン夫妻である。夫人は「結婚前も、今も、夫が好んでいることを知っている、明るい容貌とこざっぱりした外見を維持する助けになるものは何でも、利用することを彼女の義務と心得ている」。つまり、彼女はスタインバーグ製スキントニックの愛用者なのだ。この夫婦は「末永く幸せに暮らしました」。

この広告では、外出から帰った夫を玄関先で迎えるというもっともプライベートな瞬間に消費者を引き込んでいる。そうすることで、彼女たちは何か特権でも与えられたような気になって感情移入を行うにちがいない。スピフキン夫妻は雑然とした玄関先でいがみ合っている。頭がはげ上がった夫は妻を睨みつけ、妻は家事の途中なのか、エプロンのようなものを掛けたままだ。髪はぼさぼさで、腕組みをしている。夫の帰宅を迎える様子は微塵もない。彼女は不細工なだけでなく、気が利かない。明らかに、レディーとしての品性に欠ける。こんな空間に放り込まれた消費者は思うだろう。「なんとかしなければ」と。一方のスミフキン夫妻の玄関先は、塵一つないようだ。夫はステッキを小脇に挟んで、仕立ての良い上着を着用し、トップハットを被った紳士である。妻はスタインバーグ製スキントニックを使用しているために若々しい。髪をかわいらしくまとめ上げ、後ろ腰が膨らんだ流行のバッスルスタイルのドレスはくびれたウエストを強調している。彼女は比較的仕立ての良いドレスを品よく着こなす、家庭的な女性のようだ。このトニックは容貌を好ましくするだけでなく、女性を優雅にする。夫はそのような妻をいつまでも愛し続けるだろう。似たような経済状況に置かれた、しかし、道徳的には対照的な二つの家庭を覗き見ることで、消費者は学ぶ。スタインバーグ製スキントニックで顔色を美しく整えることは家庭内の秩序を保ち、夫婦愛と幸福な家庭生活を約束する。それゆえ、この製品は必需品であることを。

このトニックは「主に果物と花からできており」、「べたべたした練り物、汚い化粧品」とは正反対の、安全で健全な商品らしい。「何か月も保つ大瓶が二シリング九ペンス」という安価なこのトニックは、「どんな薬局でも売っている」大衆的な商品である。つまり、どんなに辺鄙なところに住んでいようとも、いかに質素であろうとも、レディーであることを自認する女性にとって、外面への気遣いは義務というわけだ。そして、この義務の遂行によって、「現在の黄ばんだ肌から、明るく、透明感があり、美しい顔色に変わる」のである。

ダイ博士の緩和・乳化化粧小袋の広告は、ターゲットとする階層を半ランクアップして、外面を美しく整えることは優雅で洗練された生活の実現と、それに見合った内面の可視化であることを示している（図4-5）。中央に描かれたモデルの女性は、目鼻立ちが整い、頬がふっくらして愛らしく、胸元にフリルがついた豪華なドレスを優雅に着こなしている。腕輪をはめ、当時流行のオーストリッチの羽でできた大きな扇を膝の上に広げている。扇の骨は高価な象牙であろう。明らかに、彼女は若く、美しく、裕福である。愛の使者、キューピッドが彼女の耳元で囁く。「とても素敵ですよ」。「ええ、ダイ博士の化粧小袋のおかげでね」と、彼女は答える。実際、この妙齢の女性は一日中どんな場面でも、上品で活き活きとしており、ファッショナブルなのだ。「毎朝、なんてあなたは素敵でみずみずしいの！」と同性に褒められ（左下）、夜会では男性からドレスの暗い色と明るい顔色の素晴らしいコントラストを賞讃される（右上）。部屋着を纏った姿にはくつろいだ清々しさが溢れ、胸元が大きく開いた夜会服姿は凛々しい。男性から敬意を払われるのも当然である。香水店では、「嫁入り道具にダイ博士の化粧小袋を入れるなんて、なんて素敵なアイディアでしょ

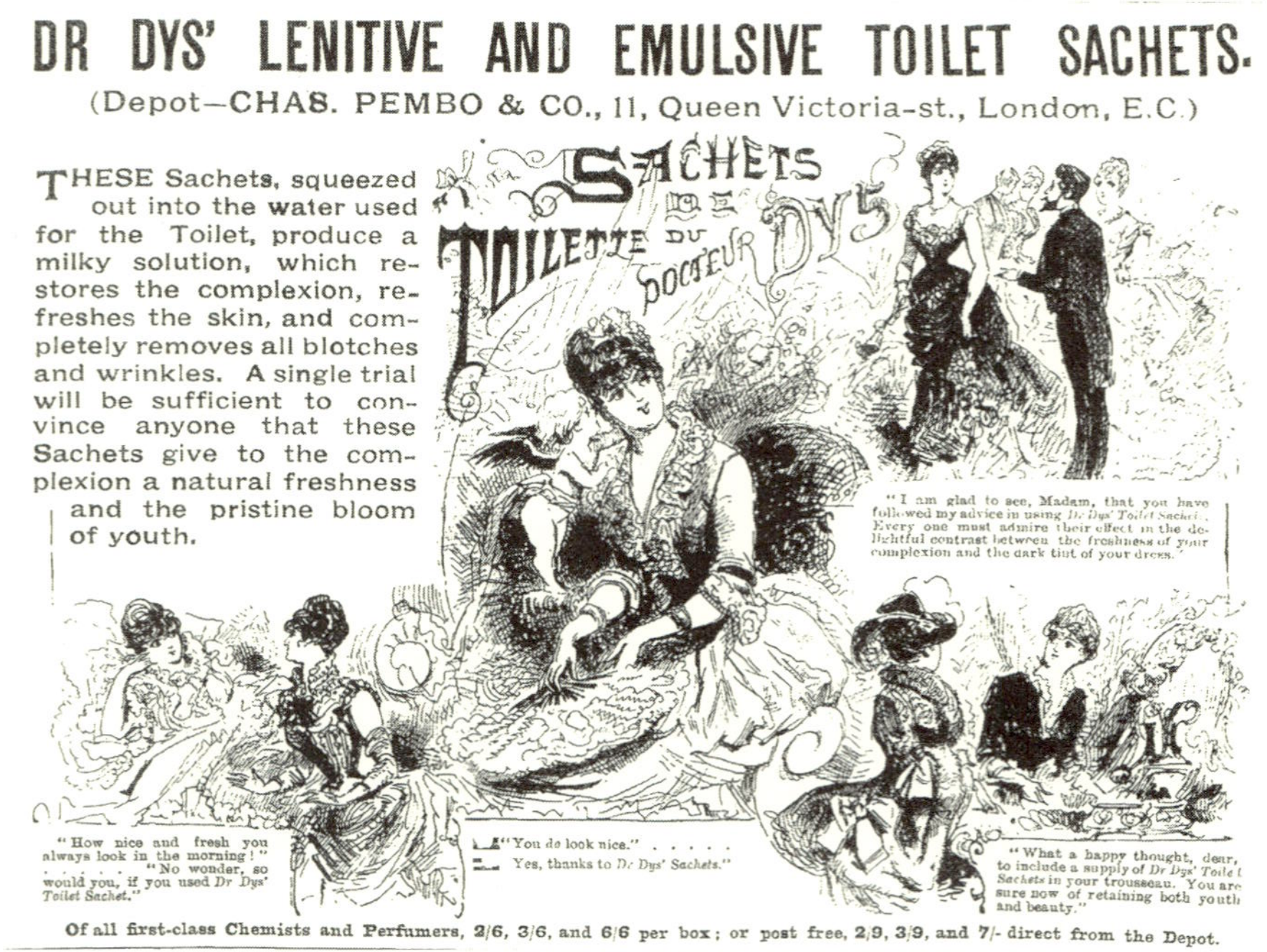

図4-5　「ダイ博士の緩和・乳化化粧小袋」の広告（1884年）

う！　これで若さと美の両方を確実に保つことが出来ます。」と、店員がお世辞を垂れる（右下）。結婚が決まったのだ。彼女のコートは、毛皮の縁取りと大きなリボン結びが付いた流行の最先端のスタイルである。数多の化粧品の中から「ダイ博士の緩和・乳化化粧小袋」を賢明にも選択する女性は、洗練されたセンスを持ち、豪華なドレスを着こなす美しい人なのだ。経済的、社会的に有利な結婚が決まったであろうことも、当然の成り行きである。

これらの広告は、それぞれの経済状況と暇に見合った外見への気遣いが美しい内面の可視化を約束すると説いている。スピフキン夫人のように、何も手を打たずに時の経過に身を任せるのではなく、「明るい容貌とこざっぱりした外見を維持する助けになるものは何でも利用」すること。嫁入り道具にダイ博士の化粧小袋を入れて、「若さと美の両方を確実に保つこと」で、内面を映す鏡としての顔色が曇るのを防ぎ、さらに磨きをかける。そうすることで、それぞれの美しい内面はおのずと可視化されるのだ。両製品とも、「ピュア」、「無害」に加え、「ナチュラル」「自然であること、ありのままであること」を強調するのは、彼等の製品を購入する人が美しい内面を持っていることを前提にしているからかもしれない。内面を偽るためではなく、美しい内面を効果的に表示するための化粧品である。この意味で、化粧は健康増進の努力やドレスの顔映りの研究と同程度に道徳的行為となる。スタインバーグ製スキントニックは慎み深く、「自然の調合」と述べるに留めているが、ダイ博士の化粧小袋は「顔色に自然なみずみずしさを授ける」と唱う。事実、乳液であろうが、白粉であろうが、「肌の浄化」と「自然な仕上がり」を強調する商品は非常に多かった。カリドール化粧水は自らを「浄化し、リフレッシュさせるもの」と呼び、ヴェローティン白粉は「活き活きした顔色を保ち、回復させる」ためのもので、「触っても感じられない」し、つけていることを「感じさせない」ほど自然な仕上がりと宣伝している。[39] マグノリア・バームも、「あまりに自然で、効果は徐々で完全なので、つけていることを感知できない」[40] と言っている。

ダイ博士の化粧小袋はさらにもう一歩進んでいたように見える。たった一袋試すだけで、「顔色に自然なみずみずしさと、若さの無垢な花盛りを与えます」（give to a complexion a natural freshness and the pristine bloom of youth）[41] と請け合っているからである。このことは、最新のテクノロジーや科学のオーラを纏って、次のように力説された。

一般に化粧水や白粉はアストリンゼンを含み、肌の肌理を粗くし、皺をもたらし、吹き出物、シミや過度の赤味を生成する。日常の洗顔水と共に使用するダイ博士の緩和、乳化化粧小袋は、柔らかく心地よい乳白色の水溶液であり、肌に浸透し、血行を優しく刺激し、肌の赤味と皺を防ぎ、要するに顔色をリフレッシュさせ、回復させるのである。それゆえ、一般に使われているフェイスパウダー、その他の調合液は顔に借り物の新鮮さを与えるにすぎないが、本品はそれらとは性質、作用においてまったく異なるのだ。[42]

従来の他社製品はきな臭いだけでなく（「顔に借り物の新鮮さを与えるにすぎない」）、有害である。これに対し、「一流薬局、香水店で扱われている」本品が優れていることは先ほど示した通りだが、これに加え、「肌に浸透し、血行を優しく刺激」することで、顔の表面から身体内部に働きかけ、「花咲く」状態を創成するというのだ。

ダイ博士の化粧小袋に限らず、顔色に「若々しい花盛りを与える」と約束する化粧品は多かった。ローズ・リーフ・パウダー曰く、「たいそう賞讃される美しい花盛りを顔色に授けます[43]」。ブルッセル製王女の白粉も、「デリケートな若々しい花盛りを顔色に与える」と宣伝していた。マグノリア・バームに至っては、「ピュアで花咲く顔色が欲しいでしょう?」と挑発的である。「欲しいならば、ヘイガン製マグノリア・バームを少しつければ、心からあなたを満足させるでしょう[44]。」ヴェローティン白粉曰く、「それと知られずに、新鮮な花盛りと美を与えるような唯一の調合品[45]」である。顔色は、内面を表情として翻訳するだけでなく、内面に働きかける透過性の膜でもあるようだ。化粧の美徳をふさわしい人に与える半透膜である。

商品名に「ブルーム」(bloom: 花咲く／花盛り)を用いる化粧品もよくある。ブライダル・ブーケ・ブルームは「顔色を美しくするためのもの、ずっと花盛り、いつも若く」(図4-6)と、ファッション誌に大々的に広告していた。ロンドンのオックスフォード・ストリートにあった化粧品店、マダム・クロスはローズ・ブルーム一瓶を含む「ビューティー・ボックス[46]」なるものを扱っていた。このボックスには他に、クリーム、リップクリーム、白粉が入っていたから、化粧品一式が一箱に収まったお楽しみセットだったようだ。科学博物館(ロンドン)には、石鹸で有名なペアーズの製

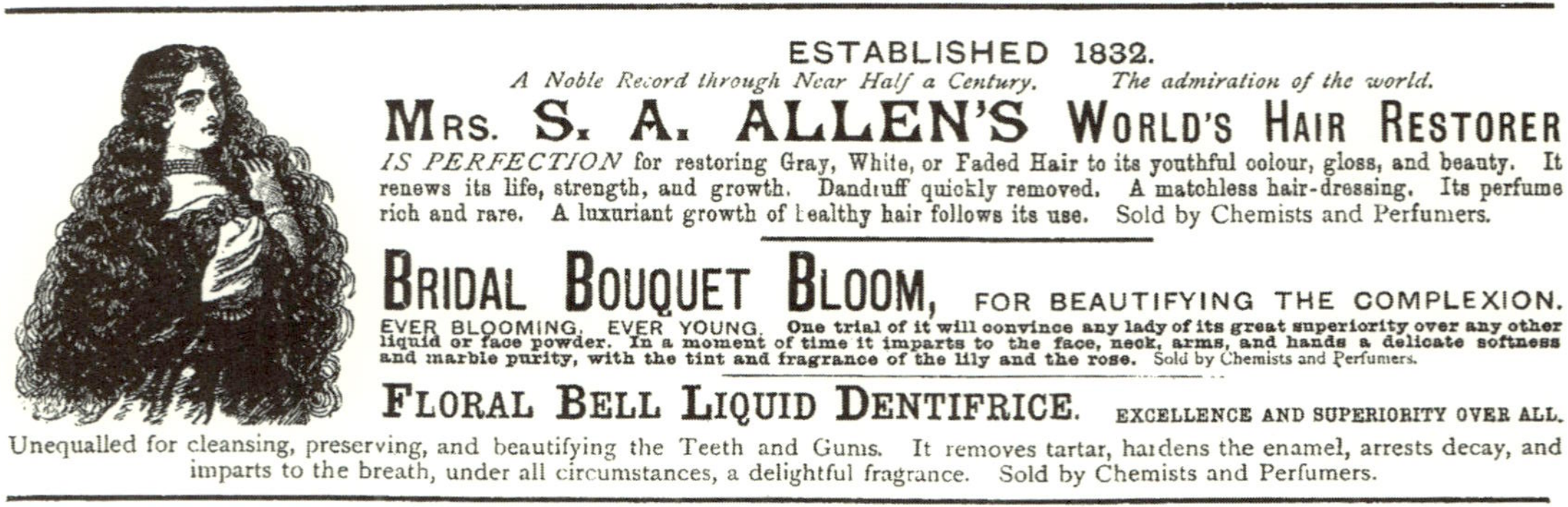
ESTABLISHED 1832.
A Noble Record through Near Half a Century.
The admiration of the world.
MRS. S. A. ALLEN'S WORLD'S HAIR RESTORER
IS PERFECTION for restoring Gray, White, or Faded Hair to its youthful colour, gloss, and beauty. It renews its life, strength, and growth. Dandruff quickly removed. A matchless hair-dressing. Its perfume rich and rare. A luxuriant growth of healthy hair follows its use. Sold by Chemists and Perfumers.
BRIDAL BOUQUET BLOOM, FOR BEAUTIFYING THE COMPLEXION.
EVER BLOOMING, EVER YOUNG. One trial of it will convince any lady of its great superiority over any other liquid or face powder. In a moment of time it imparts to the face, neck, arms, and hands a delicate softness and marble purity, with the tint and fragrance of the lily and the rose. Sold by Chemists and Perfumers.
FLORAL BELL LIQUID DENTIFRICE. EXCELLENCE AND SUPERIORITY OVER ALL.
Unequalled for cleansing, preserving, and beautifying the Teeth and Gums. It removes tartar, hardens the enamel, arrests decay, and imparts to the breath, under all circumstances, a delightful fragrance. Sold by Chemists and Perfumers.

図4-6 「ブライダル・ブーケ・ブルームの広告」（1882年）

品、「ペアーズ・ブルーム・オブ・ローズ」が所蔵されている（口絵2）。一九世紀末から二〇世紀初頭の製造で、ラベルには「顔色を美しくするためのもの[47]」と書かれている。この他に、同博物館はファンデーションの先駆け的商品「ペアーズ・ブラン・ドゥ・ペール」や、「ペアーズ製改良版ローズ乳液」なども所蔵している。「ブラン・ドゥ・ペール」はビスマス酸塩化物の別名である[48]。美容書も、「アーモンド・ブルーム」、「ブルーム・オブ・ローズ」と呼び倣わされていた化粧品（紅の一種と思われる）のレシピを紹介し、「顔色に人工的な花盛りを与えるために使われる[49]」と説明している。

もっとも、ここちよい響きとは裏腹に、「ブルーム」と名のついた化粧品の多くは有害だったようだ。ウィリアムズによると、液体の紅、または「ブルーム」と呼ばれる紅は、一八六八年までには上流階級の間で広く使われるようになったが、ほとんどのものはアンモニアか、炭酸カリウム水にカーマインを溶かしたものなので、「安全どころではなかった[50]」という。美容書、『いかに器量の良さを保つか』（一八七一年）も、「自由な血液循環を妨げるので、発汁作用が不規則な人は、その使用を見送るべきだ[51]」と意見している。先に挙げた科学博物館所蔵の「ペアーズ・ブルーム・オブ・ローズ」なども、未開封にもかかわらず、赤紫色のかすが瓶の内側にべったりついており、安全そうにはとても見えない。

また、外見の美しさに惑わされてはいけないという戒めも、依然として強かった。典型的な意見は、マンテガッツァが『観相学と表情』の中で述べている。「観相の道徳的価値判断基準：善良な顔と邪悪な顔」と題した章で、彼は次のように主張する。

美しいものはすべての人にとって喜びである。したがって、可愛らしい口をして、美しくにこやかな目をした男性なり女性を邪悪と思うことは非常に稀である。男性が女性を判断したり、その逆の場合も、誤る確率は上昇する。そして、咄嗟の共感、欲望と愛は我々の目を眩ませ、美しい人は善良で、醜い人は邪悪だと判断させる。（中略）ソクラテスのように醜くても、彼と同じように善良であるかもしれないし、アルキビアデスやバイロンのような顔でも、卑劣で、不誠実かもしれないのはまったくの真実である。(52)

「顔が美しければ、心も美しいはず」と帰納することは危険である。誤読を避ける「唯一の科学的基準」と、マンテガッザが唱ったのが表情だった。

今まで見てきた化粧品は、中産階級以上の女性が読むファッション誌に幾度となく広告が掲載されたものばかりである。一定の販売数を確保していた商品と考えて良いだろう。ここから推測されることは、容認される化粧とは、十人並みの器量の女性を、それぞれの経済力や年齢、内面の質とかけ離れない程度に美しくすることである。これは、厚化粧が称揚された一八世紀とは根本的に異なる。一八世紀の上流階級の夫人や王の妾たちは、白い肌と真っ赤な頬のヴィヴィッドなコントラストを求め、それは権力や権威、そして、化粧品が有害であることがすでにわかっていたにもかかわらず、健康をシンボライズしたという[53]。ポンパドゥール夫人やキティー・フィッシャーに代表されるように、厚化粧によって、目も眩むほどの美を作り上げようとしたのである（これに何らかの変化が現われたのは、一七八〇年代以降だった[54]）。

　時代が下ってヴィクトリア朝期には、道徳的に正しい女性は皆、それなりに美しくなることが目指された。ここで重要なのは、節度である。中年を過ぎた「花咲く少女」なんてありえない。「頬のバラ色が自然な年齢を過ぎてしまった人」が頬紅をさすのは「ひどく不快な光景」であり、「自然の調和を乱す[55]」ものとして嫌悪された。ダイ博士の化粧小袋にしても、生物的な若さが前提になっていることが図版からわかる。以下に引用する『レディース・レルム』誌（一八九六年）も、同様のスタンスである。

> 他のすべてと同様に、紅や白粉も極端になると不快ですが、もう一方では、化粧の助けによって、かわいらしい人はよりかわいらしく、並の器量の女性はさらに有利になることが判明するでしょう[56]。

そうであれば、若く、心の清らかなレディーが、リチャーズ製ローズ・ティント――「顔色にデリケートで透明感のある赤面を授けます[57]」（傍点引用者）――を少し使って、彼女のキャラクターにふさわしい表情を顔色に与えようと努力することに、何の問題があろうか。

(3)「花咲く少女」を実践する

実際に化粧をする段になると、節度は美的センスと技術の問題になった。まず、使用する化粧品の種類と量が重要になる。当時、白粉の色味はかなり大雑把で、各社とも、二色、ないし三色展開だった。頬紅も、昼用と夜用の区別くらいしかなかったようだ(58)。それを「つけすぎないように」、つまり、自然な仕上がりにしなければならなかった。『淑女の衣装部屋』(一八九二年)は、次のように読者にアドバイスしている。

> 白粉の使用は芸術的で、手際よく行わなければならない。桃のような素敵な表面を肌に与えるだけで充分だ。作り笑いのピエロのように白粉をはたいた顔ほど、醜いものはない。うっすらと、わからぬほどに白粉のヴェールがかかっているのか、それとも、自然な花盛りなのか、わからぬままにしておくべきだ。そうすれば、特にベールの下では、効果は感じの良いものとなる。もっとも、素肌の肌理が細かく、滑らかで、ちょうど良い色合いならば、より好ましいものになろうが(59)。

「作り笑いのピエロの顔のように」、表情を偽ってはいけない。素肌に次ぐセカンドベストの位置づけを心得た上で、「手際よく」、「桃のような素敵な表面を肌に与える」こと。そうすれば、「自然な花盛り」を得ることができそうだ。美容書、『美とその保持の仕方』（一八八九年）はもっと具体的に、紅は最高品質で、「最も薄い薔薇色」を選ぶべきであるとアドバイスしている。「コールド・クリームを塗り重ねた後に、極少量のカーマイン・パウダーを擦り込み、数分間放置し、脱脂綿で優しく擦ると、顔に良い色を与えるに充分なカーマインが残る」[60]そうだ。カーマイン・パウダーの微妙なさじ加減と手先の器用さが要求された。類似のアドバイスはイゾベル編、『美の技巧』（一八八九年）にも見られる[61]。

つける順番も重要である。『美とその保持の仕方』によると、顔色と肌のための最善のトリートメントは、以下の手順で行わなければならない。就寝の際には、オートミール水で洗顔する。完全に乾いたらクレーム・サイモン、または、ナディン・クリームを塗り、朝までそのままにしておく。翌朝起きたら、ローランド製カリドールでクリームを拭き取り、ローズ・ウォーター、またはオレンジ・ウォーターを塗布する。白粉をはたいて、完了である。「カリドールなどは、石鹸と水で洗顔した後だけでなく、前にもつけるべきである[62]」と、斜字体を使って読者の注意を促しているから、つける順序が重視されたことがわかる。広告によると、クレーム・サイモンは「肌のちょっとした不具合を防ぎ、治療する」もので、肌を「白くするだけでなく、調子を整え、もっとも快く香る」[63]という。ナディン・クリームも、同様の効果を唱った商品であろう。『イングリッシュウーマンズ・ドメスティック・マガジン』にも、つける順番を化粧品の実名入りで伝える記事が散見される。たとえば、ペンネーム、ブランシュ（白の意味）はフランス流化粧の例として、「マグノリア・バームをつけた後に、ヴェローティン［白粉］を少し付けると、ずっと良くなる」と書いている。[64] マグノリア・バームは「ヴェルヴェットのような透明感を与え、シミや顔面紅潮を完全に抑える」逸品だそうだが、この読者は常用しているわけではなく、「舞踏会、フラワーショー、水辺でのパーティーや夏の遠乗りなどの前」につけるそうだ。

化粧品の現存例を見ても、化粧はかなりの時間と根気、そして、テクニックを必要とする作業だったことが窺われる。ロンドン博物館には、一八九〇年から一九〇〇年頃の生産と思われるフランス製の白粉が所蔵されている（図4-7）。一〇〇年以上経っているにもかかわらず、白粉はチョークのように真っ白なままだ。これを附属のパフ（綿またはウール製と思われる）を使って、肌に程よく叩き込むには高い技術が必要だろう。同博物館には、頬紅をつけるための野うさぎの脚も保存されている（図4-8）。一九〇〇年ごろのものである。野うさぎの脚には厚く柔らかい肉趾がついているため、一八、一九世紀にはこの用途に使われたらしい。[65] 肉趾付近には、頬紅がたっぷりついたままになっている。使いこなすのは難しそうだし、見た目にグロテスクである。

しかし、雑誌の紙面上では、化粧品の効果を報告しあうことで、化粧品コミュニティーのようなものまで出現していたから、確かに化粧は実践されていた。反響の大きかったものの一つに、パリ製のアンティ・フェリック乳液がある。[66] この乳液は赤ら顔や顔面紅潮の治療、日焼け等による肌荒れ改善、肌の透明感を保持するなど、万能化粧品である。商品の劇的効能が『イングリッシュウーマンズ・ドメスティック・マガジン』の紙面上で報告されると、[67] 翌月には問い合わせが殺到した。[68]

図4-7　フランス製の白粉（1890年から1900年頃）
ⒸThe Museum of London

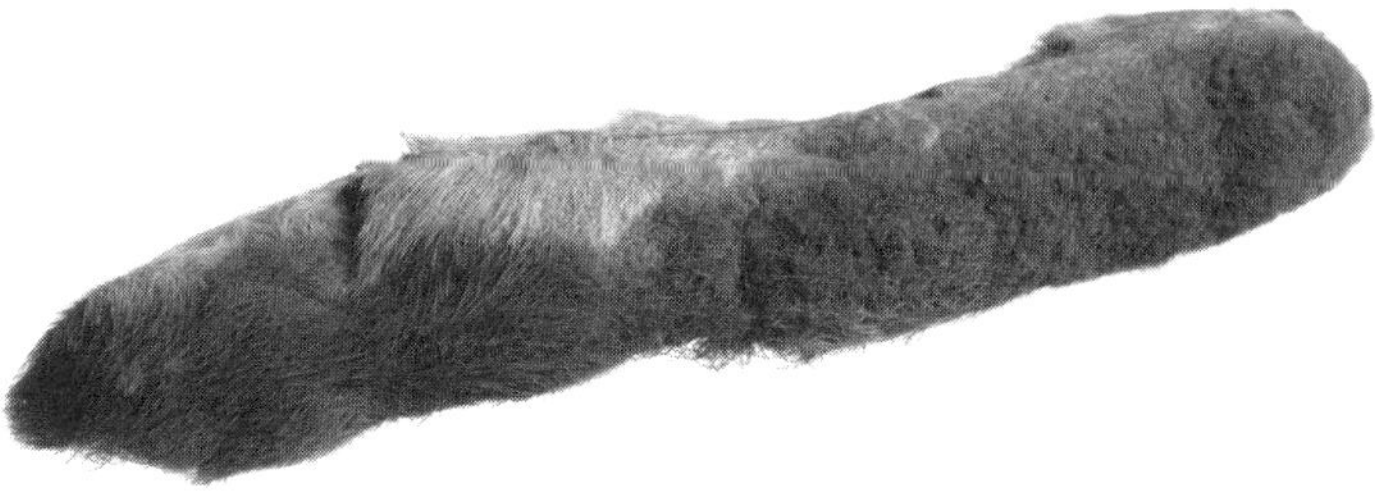

図4-8　野うさぎの脚（1900年頃）
ⒸThe Museum of London

THE
MAGIC CURLING FLUID.
CIRROSINE. A boon to ladies.
CIRROSINE. Curling tongs unnecessary.
CIRROSINE. Effect magical.
CIRROSINE. Perfectly harmless.
Sold in cases at 4s. 6d. and 7s. 6d. All Chemists and Perfumers; and wholesale,
BENBOW and SONS, 12, Little Britain, London.
RICHARD'S ROSE TINT imparts a delicate transparent blush to the complexion. Bottle (lasts a year) in sealed box by post, 2s., free. Vegetable CARMINE POWDER, 9d. per packet. — S. RICHARD, Chemist, 157, Derby-road, Nottingham
WHITE HANDS.—Use MARRIS'S ALMOND TABLET regularly after washing, and the hands will become soft and smooth in the coldest weather. 6d., 1s., and 2s. 6d.; post 7, 14, or 33 stamps.— MARRIS, 37, Berners-street, London; and Staircase, Soho Bazaar.
LOVELY WHITE COMPLEXION.—A Lady, possessing some valuable TOILET RECIPES for Golden colour to hair of any tint, lovely white to face and hands, removing superfluous hair, freckles, &c., will send particulars on receipt of addressed envelope.—"Miss M.," 16, Hampstead-road, N.W.

図4-9　紅「リチャード製ローズ・ティント」の広告（1880年）

入手方法から郵送の仕方、使用法の詳細まで、あらゆる種類の質問がなされ、意見や回答が寄せられたのである。読者からさらなるコメントが寄せられ、他の読者の意見を呼び込む。「ご親切にも編集者であるシルクワームに勧められて以来、私はアンティ・フェリック乳液を使っています。これは顔色のために最高の、さっぱりした洗浄液で、約束通りのことをしてくれます。必要ならば、私の経験を語って下さってよろしいのですよ[69]。」などである。

半透膜としての顔色は美しい内面を可視化するだけでなく、化粧の美徳をふさわしい人の内面に運び入れる。この考えは広く受け入れられたようだ。リチャード製ローズ・ティント（図4-9）の他、美容書、『姿の美しさ』（一八七〇年）などは、「シンパセティック・ブラッシュ」（Sympathetic Blush）と名付けられた紅を

「健康的なバラ色に完全に似ている点で他を凌ぐ」と絶賛し、「共感を誘う赤面」という名称を「ロマンティック」と評したくらいだ。[70] 女性の顔色は表情、そしてキャラクターを創造する。正しい化粧品の選択と使用によって、彼女たちは表情を整え、理想的なキャラクターを内面に運び込んだのである。

第五章　ブラッシュ・ローズを纏う

1　ファッションとして

顔色からでさえキャラクターは判読しうる、さらに、顔色は良きキャラクターを内面に運び入れる半透膜として機能するという考え方、すなわち、顔色とキャラクターの相互作用は、観相学の大衆化なしには出現しなかっただろう。個人の外見の社会的重要性が増したからこそ、顔かたちのみならず、表情、そして、顔色にまで、人々の関心が拡大したのである。一見矛盾する化粧の可否を巡る言説は、ヴィクトリアンが苦労して変奏した、顔色／外面とキャラクターの新たな関係が奏でる旋律と捉えるべきだろう。

それにしても、前二章の考察から感じられることは、すべてが間接的で、「節度を保ち、抑制せ

図5-1　1880年代に流行したボンネット

よ！」が至るところで、強迫観念的に現われている点である。これは、自由な情動表現に対するためらいや不安の現われではないだろうか。しかし、抑制が過ぎると、すべてが複雑になり、その表出方法が歪曲する。実際、『クイーン』（一八八〇年）[1]には、「ブラッシング・ボンネット」(blushing bonnet) なる商品まで紹介された。ボンネットは婦人用の帽子で、一八八〇年当時には図5-1のようなスタイルが流行していた。これを改良した「ブラッシング・ボンネット」は、「自称恥ずかしがりや（bashful）の女性」のための新製品である。結び紐の後ろにスチール製のバネがついており、頭を傾げて側頭部の動脈を擦ると、「いつでもふさわしい瞬間にチャーミングな赤面を生じさせる」という。驚くべき発明である。このボンネットでつくった赤面は、「チャーミングな」だけでなく、「ふさわしい瞬間」[2]でもあるからだ。

さらに影響力を持った商品も現われた。ブラッシュ・ローズである。これは花芯付近が薄赤のバラの総称である（品種については後述）。生花であれ、造花であれ、これをドレスや髪、パラソルなどに飾ることが、一八七〇年代の後半以降、大流行したのだ。本章では、ブラッシュ・ローズを身体の赤面の延長と捉え、その流行を考察する。顔（色）から身体へ、そして、メタ身体としてのブラッシュ・ローズへと視点を移すのである。身体／衣服を観相学の視点で捉え直し、バラを新しい科学（植物学、生理学）とシンボリズムから分析することで、この名称を持つバラがヴィクトリアンの抑えられた感受性の最高の代弁者となったことを明らかにする。

早速、使用例を見よう。口絵1は『クイーン』（一八七七年）掲載のファッション・プレートである。パリの最新ファッションと銘打ち、バラ色のシルク地のイブニングドレスに、ブラッシュ・ローズの房飾りを髪飾りとして採用している。同誌はまた、ブラッシュ・ローズを飾り付けた稲穂製のボンネットもカラーのプレートで紹介している。(3) どちらの図版でも、モデルの女性はとても若い。ロンドンの最新ファッションを紹介するコーナーにも、ブラッシュ・ローズは登場した。サウス・ケンジントン（ロンドンの文教地区兼、高級住宅地）にある小間物商、ミス・バーナンドが「片方に繊細な色合いのブラッシュ・ローズをあしらった」帽子を扱っていると、『クイーン』（一八八二年）は読者に伝えている。(4)「ファッショナブルな」商品として、「暗い色のヴェルヴェットの葉がついた、ブラッシュ・ローズの花輪をあしらった」ブロケード製パラソルもあった（図5-2）。このパラソルの柄は海事用の取っ手の形（maritime handle）なので、海浜のリゾート用と思われる。他誌でも、珊瑚色の結びリボン付きのボンネットに「ダマスク・ローズとブラッシュ・ローズのブーケ」を飾り付けたものや（図5-3）、脱色していない籐製ボンネットに「ブラッシュ・ローズのリース」を付けたアレンジをカラーのプレートで示している。(5) 後者は海浜用ドレスと組み合わされて

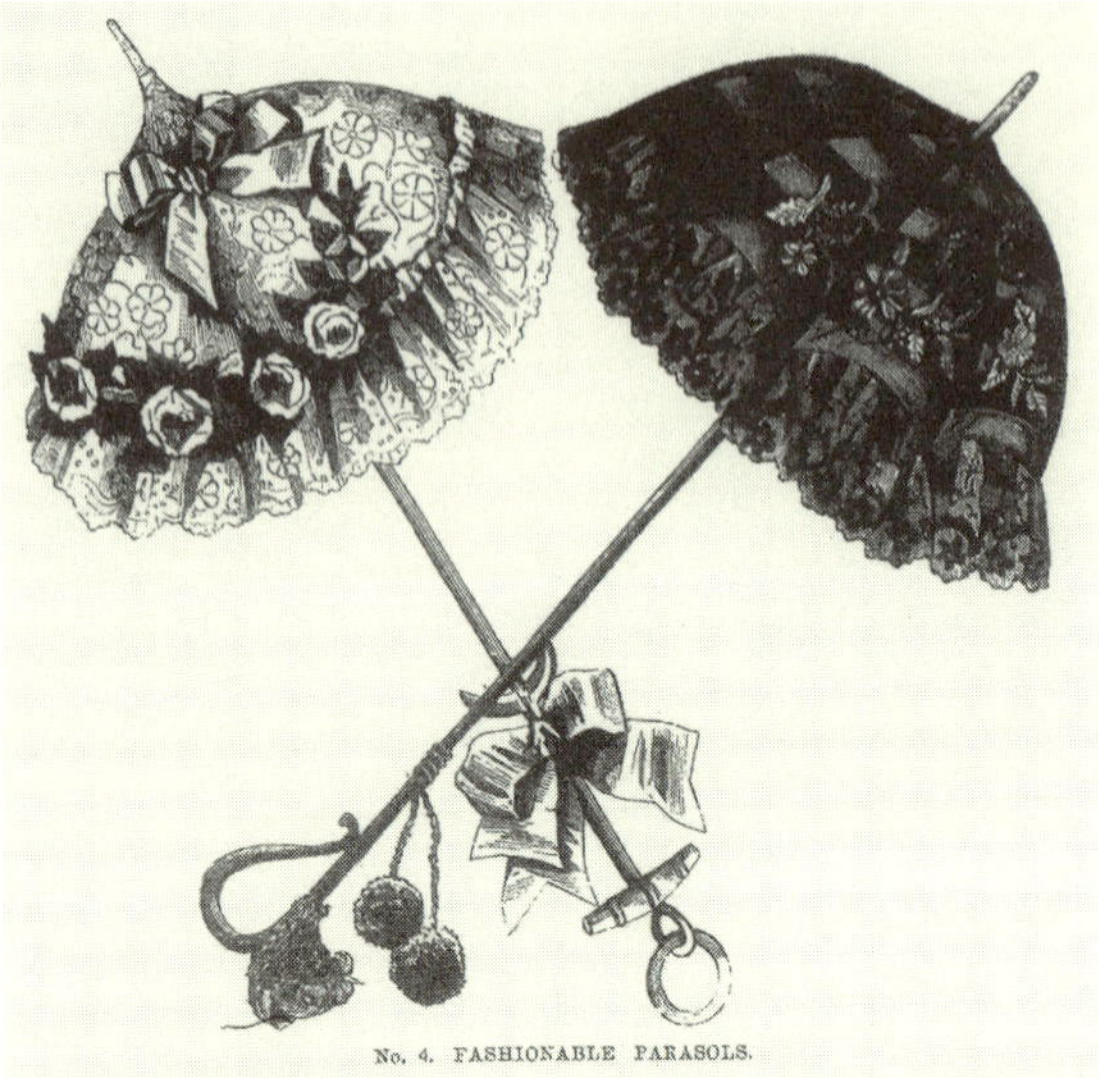

図5-2　ブラッシュ・ローズを飾ったパラソル（1882年）

図5-3　ダマスク・ローズとブラッシュ・ローズのブーケを飾り付けたボンネット（1882年）

FLOWER SHOW TOILETTES.
(For description see page 98.)

図5-4 フラワー・ショーのためのドレス（1884年）

いる。ボンネットの裏地は「赤のサテン」だそうだから、照り返しの強い浜辺では、ことさら顔色が良く見えたことだろう。他にも、フラワー・ショーのためのドレスに合わせたハットに、「ひな菊とブラッシュ・ローズ」を飾った例などがカラーのプレートで示された（図5-4）。

ドレスに飾る例も豊富にあった。『レディーズ・ガゼット・オブ・ファッション』（一八八四年）は、舞踏会用ドレスの胸元と腰にブラッシュ・ローズを飾ったカラー・プレートを掲載している（図5-5）。このドレスは「シェルピンク色のゴース、グレナディン、チュール、フーラード［すべて生地の名前］製で、スカートの裾部分はホニトンレース、またはブレトンレースでできている。ボディスはホルバイングリーンのヴェルヴェット製で、トップが波形に仕上げられている。ヴェルヴェット、または、サテンのリボン付きで、ブラッシュ・ローズ、または菊」を飾るとキャプションは指示している。[6] ピンクの薄地に、緑のヴェルヴェットをあしらったこのドレスは一輪の瑞々しい野バラのようだが、それに薄赤色の生花を添えるという趣向である。このドレスは若い女性用として提案された。同誌は他にも、「トレーンにダマスク・ローズとブラッシュ・ローズを散らした」若い女性向きの舞踏会用ドレス（青と白のストライプのサテン地）をカラーのプレートで示している。[7]『クイーン』も、ブラッシュ・ローズを飾り付けたドレスをイラスト付きで数多く掲載している。図5-6左は、プリンセス・スタイルの舞踏会用ドレスの胸元とスカートの下方に、「ブラッシュ・ローズのブーケ」を配置した例である。右は、桜草色とシェルピンクのシルク地でできたイブニングドレスのボディスとトレーンにふんだんに飾り付けたものだ。『クイーン』や『レディー

図5-5 ブラッシュ・ローズを飾ったドレス（右）（1884年）

図5-6　ブラッシュ・ローズを飾った若い女性用のドレス（1880，1884年）

ズ・ガゼット・オブ・ファッション』のような高級ファッション誌でも、費用の掛かるカラーのファッション・プレートの掲載は通常、各号一、二枚だったから、ブラッシュ・ローズを飾ったドレスや帽子は特別な呼び物記事だったことが伺われる。

ロイヤルファミリーや上流階級の若い女性たちが着用したことを報告する記事も多かった。ヴィクトリア女王（一八一九～一九〇一年）の末娘、ベアトリス王女（一八五七～一九四四年）は、一八八二年に女王一家が宮殿で謁見を行った際、「素敵なライラックの色合いのドレスに、ヴァレンシエンヌレースでトリミングしたトレーン、淡いブラッシュ・ローズが混ざったライラックの枝を選ばれました」と、『クイーン』は報告している。[8] 容姿の美しさで誉れ高い皇太子妃も、一八八五年のアスコット杯では、「クリーム色のキャンバス地とブルーの柔らかいシルクをお召しになり、クリーム色のボンネットと綾織りの長丈のベスト、ボンネットには赤いバラの束、のど元に深い色合いのブラッシュ・ローズ」を飾られたと、同誌は伝えている[9]。舞踏会でも、ブラッシュ・ローズは人気だった。「ブラッシュ・ローズの花綱をつけた、柔らかい白いチュールのドレス[10]」を、ある若い既婚夫人が着用した。これは舞踏会で見られた「いくつかの可愛らしいドレス」の一つだったという。『ヤング・レディーズ・ジャーナル』（一八七一年）も、白いターラタン（目の粗い薄地モスリン）製ドレスのパニエ部分にブラッシュ・ローズを飾った若い女性や、白いグラーセシルク（薄地のシルク）のイブニングドレスにあわせて、シダの葉と薄い色合いのブラッシュ・ローズを髪にアレンジした例を報告している[11]。明らかに、ブラッシュ・ローズを纏うことはファッショナブルで、ハイセンスだったのである。

ブラッシュ・ローズは舞踏会や晩餐会用ドレスなど、正装の装飾として纏われ、帽子に飾る場合には、海浜での散歩からフラワー・ショー、競馬観戦に至るまであらゆる社交の場面で使用されたことがわかる。しかし、この花がもっとも人々の注目を浴びたのは結婚式のようである。花嫁がオレンジの花をドレスやベールに飾り、オレンジの花のブーケを好んで持ったのに対し（オレンジの花は豊穣の印であり、純潔の象徴である[12]）、ブライズメイドはブラッシュ・ローズを選んだ。『クイーン』は、ブライズメイドがブラッシュ・ローズのブーケを持ったり、帽子に飾り付けた例をファッショナブルな結婚式として、一八八六年の夏だけで少なくとも三件報告している[13]。読者からの質問に答えるコーナーでも、ブライズメイドのハットにはブラッシュ・ローズ、またはフルーツを飾るように提案している[14]。ブライズメイドのドレスにふさわしい生地として、「ブラッシュ・ローズ・ピンク」色の薄地シルクが勧められることもあった。これはロンドンの高級生地屋、ルイス・アンド・アレンビーが扱い、「淡いベージュのレース製のスカートがついたブラッシュ・ローズ・ピンクのドレスのいくつかは、若々しく見え、洗練された趣味です[15]」と、コラム「花嫁とブライズメイドのドレス、その2」（一八八四年）は絶賛している。『レディーズ・ガゼット・オブ・ファッション』（一八八六年）も、ブライズメイドのドレスを紹介する際に、「可愛らしいのは薄いピンクで、ファイユ地［畝織りのシルク地］にドレープし、ブラッシュ・ローズの花輪を付けたものです[16]」と読者に伝えている。

当時は、男性も花を服に飾る習慣があり、ファッションに敏感な人だけでなく、ビジネスマンまでも、花や小さなブートニアをボタンホールにさしたという[17]。しかし、バラ、または、ブラッシュ・ローズの着用例は見当たらない。この花は女性専用だったようだ。一方、若い女性がバラをボンネットやドレスに飾り付けることは以前から行われていた。たとえば、『レディーズ・コンパニオン』（一八五一年）は、ボンネットの内側に赤白のバラを交互に飾るようにイラスト付きで提案している[18]。ヴィクトリア女王は、一八四〇年に行われた自身の結婚式で、ブライズメイドに着用させるために自らデザインした白シルク地のドレスに、白バラをあしらっている[19]。だが、これらはいずれも、単に赤バラ、白バラ、ピンクのバラと記されたにすぎない。ところが、一八七〇年代後半以降、「ブラッシュ・ローズ」と特定したファッション記事が目立つようになったのである。見たところ、ブラッシュ・ローズは生花であれ造花であれ、若い女性のためのアクセサリーだったようだ。白や淡い色のドレスに飾られることが多かったようでもある。結婚式では、花嫁の次に目立つブライズメイドに好んで用いられたという特徴もある。ファッションとして、「赤面」と名のつくバラが若く品の良い女性の身体を飾ったのである。

2　ブラッシュ・ローズの成り立ち

(1)　衣服の観相学

花を身につけることは、観相学的にも意味があった。「序章」で指摘したように、顔だけでなく、身につけるものもキャラクターを推測する重要な要素である。観相学では、身体も観察対象であるが、通常、身体の大部分は服で覆われている。そのために、服装とその選び方、身体の動かし方などが身体そのものの特徴と同様に、または、それ以上にキャラクターを示すと考えられた。アレグザンダー・ウォーカー夫人は、「服装は顔つきほど信用できるわけではない」と断りながらも、「洗練された趣味を持つ女性は、顔の表情もそれに相応し、おしなべて服装も趣味が良い[20]」と指摘している。つまり、身につけるものと表情、そこから推し量られるキャラクターは通常、一致すると考えられたのである。

魅力的になるためのアドバイスを満載した美容書や、正しい振る舞いを読者に教えるエチケットブックも、着るものとキャラクターの調和の重要性を強調している。ヨーロッパ中でベストセラーになった美容書、『美しさの鍵』（一八五八年）の著者、ローラ・モンテズは、次のように説いている。

人目を引くようなやり方でドレスを纏う女性は、常に着こなしが拙い。その人の容姿とありのままのスタイルに調和するよう、うまく選ばれたドレスは適度に目立たない。ドレスの目的は優美な女性を目立たせることであって、優美に着飾った女性を目立たせることではない。(21)

単に着飾ることで、「優美な女性」がつくられるわけではない。それどころか、キャラクターとの調和がとれていないと「人目を引」き、人物評価が下がってしまったのである。この表現には、階級指標としての服の役割、すなわち、ふさわしい威厳と趣味を反映させるべし、が含まれていることは間違いないが、美容書の中には、自分自身のスタイルを研究して、「ドレスを内なる自分のシンボルにせよ(22)」と提案するものさえあったから、身につけるものはキャラクターとの調和の問題としても、前面に押し出されたのである。

では、どのようにすればキャラクターと一致したドレスを選ぶことができるのだろう？『女らしい美しさ』（一八四〇年）によると、「女性は年齢、体格、顔の特徴、顔色や髪の色によって、それぞれ大変異なるので、同じスタイル、または、ドレスがすべての人に似合うわけはない[23]」という。モンテズはもう少し具体的に、「色白で」、「華奢な」「若い」女性のドレスは「白、または、グリーン、ピンク、ブルー、ライラックのもっとも淡い色合いであるべきだ[24]」と主張している。これに対し、「可愛らしさ」が「飛び去ってしまった」中年の女性には、「豊かな色がふさわしい色合いとして選ばれてきた」と述べ、彼女らが白や淡い色を敬遠するようアドバイスすることもあった[25]。つまり、節度がここでも求められたのである。

身につけるものの中でも、特に花は難しかった。『女らしい美しさ』は、生命（life）と精神（mind）の対比から、「花は生命システムを装飾し、それは若い時にのみ豊かである。宝石は精神システムを装飾し、それは老年において勝る」と述べ、硬質の光を放つ鉱物ではなく植物、それも生命の輝きに満ちた花こそ、溢れんばかりの生命力を謳歌する若年時にふさわしいと説いている。さらに、花の生命力はそれを身につける人に「愛らしさと魅力を加える[26]」という。モンテズも、「色白で華奢な」、「若い」女性にふさわしい装飾として、「もっともデリケートな類の生花か造花に勝るものはほとんどない」と述べ、すみれ、スノードロップ、ギンバイカ、サクラソウ、スズランを挙げている。彼女はドレスとの調和も勘案し、うまくいった場合、キャラクターの魅力を効果的に表示できると考えた。「これら［衣装と装飾］は賢明に選ばれるか、混ぜ合わされれば、優美な着用者を『息づく若々しさと可愛らしさ』を持った、もう一本のアヤメのようにする[27]」。

節度のある選択によって、花は若い女性にふさわしいキャラクターを強調することができたのである。では、数ある花の中で、なぜこの時期にブラッシュ・ローズが注目されたのだろう。

(2)　園芸学と生理学

一つのヒントは、園芸学の発達に見い出すことができそうだ。バラは「オールド・ガーデン・ローズ」と「モダン・ガーデン・ローズ」の二種に大別されるが、後者に分類されるバラやその親の代が育種されはじめたのは、一九世紀のイギリス、フランスだった。[28]「ブラッシュ」、または「ブラッシング」と名のつく交配種も、この時期に数多く栽培されるようになった。たとえば、「ブラッシュ・ボーソルト」(Blush Boursault) は一八〇〇年代中頃に、「ブラッシュ・ノワゼット」(Blush Noisette) は一八一七年に登場した。一八一〇年には、チャイナ・アンド・ティーローズに分類される「ヒュームズ・ブラッシュ・ティー・センティット・チャイナ」(Hume's Blush Tea-Scented China) が広東から輸入された。[29] 薄赤色の花芯を付ける品種では、「イプシラント」(Ipsilante) が一八二一年に、「ストライプド・モス」(Striped Moss) が一八八八年、「デボニシス」(Devoniensis) が一八五八年、「マダム・アルフレッド・キャリエール」(Mme. Alfred Carriere) が一八七九年、「ナスタラナ」(Nastarana) も一八七九年に栽培に成功した。[30] これらの多くは、香りも素晴らしかった。ブラッシュ・ローズといえば、「オールド・ブラッシュ」(Old Blush) や「メイドゥンズ・ブラッシュ」(Maiden's Blush) が代表格であるが、これらの従来種に加え、ヴィクトリア朝後期までには、ブラッシュ・ローズと見なされるバラは大幅に種類を増し、人目に触れる機会も多くなったのである。「オールド・ブラッシュ」は薄いピンクの花弁をゆるやかに開く品種で、一七〇〇年代末にヨーロッパに持ち込まれた。モダンローズの交配に重要な役割を果たしたという。[31]「メイドゥンズ・ブラッシュ」は淡いピンク色の二重で、すばらしい香りを放つ。一六世紀以前からヨーロッパで栽培され、その色合いから、フランスでは「ニンフの太もも」[32]と呼ばれた。英語では、「乙女の赤面」の意である。

ヴィクトリア朝期には、バラの品評会もさかんに行われ、一八七六年には、王立バラ協会（The Royal National Rose Society）が設立された。初代会長のレイノルズ・ホールはバラの育て方を記した著書、『バラについて』を一八六九年に出版し、すぐにベストセラーになったという。[33]確かに、バラの人気はたいしたもので、ファッション雑誌にさえ苗木の広告が頻繁に掲載され、[34]「交換コラム」には、自家製のバラと日用品との交換の申し出が数多く寄せられた。[35]バラを「我々の伝導師、その美は聖歌であり、香りは賞讃の賛美歌である[36]」と熱烈に賛美する園芸コラムまであった。

このような人気の背景には、博物学の隆盛がある。リン・バーバーによると、博物学は「国民的強迫観念[37]」とも呼べるほど一九世紀前半に流行し、新聞には博物学コラムが設けられ、客間にはシダや昆虫の標本がところ狭しと陳列されるようになったという。中でも、植物学は中産階級の女性にふさわしいたしなみとして人気が高かった。一八四二年までには、月刊のガーデニング雑誌が約二〇存在し、その数は年々増加したという。[38]女性のための植物学の書籍も多数出版され、ジェーン・ロードン（一八〇七～五八年）のように、『婦人のためのガーデニング』（一八四〇年）をはじめとする実用書や雑誌を数多く主宰する人気ライターも現われた[39]。エチケットブックの中には、楽しみと研究を兼ねたライフワークとして、若い女性に植物学を熱心に勧めるものまであった。学問の先端を担うためではなく、アマチュアとして、植物学は取りつきやすく、安上がりで、一年中楽しめたからである[40]。世紀半ばごろまでには、花は自ら分類し、種や苗から育て上げ、そのプロセスを楽しみながら学ぶ、身近でファッショナブルな対象になっていたのである。

先に挙げたホールの『バラについて』は実用書だが、ミドルクラスの女性読者をおそらく意識して、この花の魅力を伝えるために丸々一章を費やしている。第三章、「我々の美の女王」である。彼によると、バラの魅力は三つあり、1．常にあること 2．どこにでもあること 3．すべての人に愛されること、だそうだ。「常にある」とは、いつの時代にも人々に愛され、その美しさは賛美の的だったという意味である。古代より、女性に対する最高の賛辞はバラとの類似を主張することで、それは「薔薇色の腕、首、脚」などの表現に見られるとホールは指摘する[41]。続いて、東洋を原産とするバラが今や世界の隅々まで広がったことを、ベンガル湾、ネパール、アイスランドにおける栽培例を織り交ぜて強調する。しかし、バラがその真の美しさを発揮するのはイギリスの庭の中だっだ。ホールはイギリスで行われた品種改良を「妖精」に、東洋の原種を「台所番の下女」にたとえて、彼女がいかに変貌を遂げたかを熱く語る。「栽培という名の妖精がその魔法の杖で触れると、青白く弱々しい台所番の少女は汚らしいギンガムの服を脱ぎ捨て、淡褐色の繭から蝶が育つように、ヴェルヴェットと高価なレースを纏った王女になる」[42]。「青白く弱々しい台所番の少女」たる東洋の原種は、世界一高い文明を誇るイギリスに持ち込まれ、経験豊富で教養ある園芸家の下で改良を重ねることで、品格と美しさを兼ね備えた「王女」へと生まれ変わったのである。その美しさは正真正銘、本物だった。「偽物の葉っぱでもなく、他人の巻き毛でもなく、ルージュでもなければ、練り粉でもなく、白粉や香水でもなく、それ自身である」[43]と、ホールは強調している。

イギリスで栽培されるバラは多様性に富み、かつ、ハーモニーを生み出すという特徴を有する。バラ園では、「白バラ、ストライプ、ブラッシュ・ローズ、ピンク、濃いピンク、洋紅色、深紅、朱、えび茶、紫、ほとんど黒や輝く金色」など、変化に富んだ色合いが見られるが、それらは小型、巻きつき型、地をはう型などの多様な形態が生み出すアウトラインの妙によって、統一感が生まれるからである[44]。こうして混ざり合うことで、バラは互いの美を高め合い、独自のキャラクターを際立たせる。「この完璧な統一の上に、なんと新鮮で、香り高く、純粋で、豪華であることか。バラは頬を赤らめ、つやつやした葉の間で光輝く[45]」と、ホールは感嘆する。バラは人のように「頬を赤らめ」、人のように豊かな表情を備えた植物と捉えられているのである。この花の変化に富んだ表情は、他の植物との比較によってさらに印象づけられる。たとえば、椿は「申し分のない形」だが、「バラの持つ優美さ、気安さ、表情に欠ける。それは、目鼻立ちは完璧だが、感情や知性の移り変わる魅力に欠ける顔のようだ[46]」。

最後に、バラは「愛されるところではどこでも、その美しさを発揮する」ので、階級の隔てなく栽培可能であることが述べられる。最新技術を駆使したガラスの温室であろうが、ネコの額ほどの裏庭であろうが、どこでも、だれでも栽培することができたのである。ホールは「バラ園ほど、購入するにも存続させるにも、安上がりな草花栽培はない(47)」と述べ、わずか5ポンドで栽培をはじめることができると太鼓判を押している。つまり、バラはすべてのヴィクトリアンにとって、実現可能な美のモデル、「我々の美の女王」というわけである。

品種改良の成功と人気の拡大に伴い、『バラについて』のような著作が生み出されたわけだが、このような実用書さえ、人の、特に若い女性の身体と情緒をバラに読み込んでいる点は注目に値する。明らかに、ホールが改良種に読み込んだ豊かな表情はイギリス人の、それも育ちの良い女性のものである。東洋の「台所番の少女」はイギリスに連れてこられ、すばらしい教育を受けたことで、「ヴェルヴェットと高価なレースをまとった王女」に変身したのだから。

「バラは頬を赤らめ」が単に修辞の問題でなかったことは、生理学の研究からも察せられる。生理学では、植物の可感性として議論されたのだ。T・H・バージェスは、序章で取り上げた著書、『赤面の生理学、及びメカニズム』の第二章「植物の可感性」で、これを考察している。彼によると、植物は自由に動くこともできないし、意識を伴う可感性も持たないので、情緒と呼べるようなものをそれとわかる形で有しているようには見えない(48)。しかし、植物は被刺激性（irritability）と興奮性（excitability）を有す。これらが動物の可感性と類似することを、「感覚植物」（sensitive plant: 触れたり、息を吹きかけると葉を閉じるなどする植物）を使った先行研究から導くのである。アン・シュティールの指摘によると、ミモザなどの感覚植物は植物と動物の階梯、及び類似の議論、さらに、植物が動くのは単に機械的な被刺激性のためか、または、なんらかの可感性と意志を持つためか、などの議論で、歴史上しばしば取り上げられたという。(49) バージェスは、「有機体の可感性と収縮性こそ、身体が示すすべての現象の主要な原因」(50)であると考え、それは神の意図によって、植物特有の外的要因に適応するように修正されたと推測した。(51)

可感性と収縮性は、ほ乳類の頂点に君臨する人間においてもっとも洗練され、完全になり、「意識と知覚を伴う感情」になる。(52) 赤面がこれ（感受性と認知力）によって引き起こされる現象であるとバージェスが考えたことは、すでに指摘した。彼は、「偽の赤面」を引き起こす「偽の感受性」は「どんな情動によっても刺激されがち」な点で、植物の感覚作用に似ているだろうと述べ、(53) 植物の可感性に赤面を引き起こす感受性との類縁関係を見い出している。つまり、王立バラ協会の初代会長が「頬を赤らめ」と、ベストセラーの中で述べたバラの豊かな表情は、生理学の共鳴を得ていたのである。

間違いなく、バラの特性は、若く育ちの良い女性に求められた身体と情動の規範に結びつけられていた。それは園芸学の発達と人気によって、特に、ブラッシュ・ローズとの連想を強めたのである。

（3）　シンボリズムの大衆化

一八世紀後半から一九世紀末の間に出版された詩やバラッドに目を移してみても、ブラッシュ・ローズをタイトルにしたり、モチーフにした作品が驚くほど多いことに気付く。それらはしばしば、若い女性の純潔やイノセンスの、はかなさゆえの魅力を称えている。二、三例を挙げるならば、バラッド、「ブラッシング・ローズ」（*The Blushing Rose*）、「朝の薄赤色のようにしなやかに」（*Soft as the Morning's Blushing Hue*）、「ようこそ、ようこそ、ブラッシング・ローズ」（*Welcome, Welcome, Blushing Rose*）、「見よ、頬を赤らめる開きかかったバラを」（*See the Blushing Op'ning Roses*）、「可愛らしい頬を赤らめるスーザン」（*Pretty Blushing Susan*）などである。[54]「可愛らしい頬を赤らめるスーザン」では、「バラ、その薄赤色は広がり、汝の頬を美しく染める」と唱い、恋する乙女の気煩いと憧れをブラッシュ・ローズの色合いで表している。中には、ブラッシュ・ローズを身につけることに言及したバラッドもある。バラッド、「ブラッシング・ローズ」には、「恋人よ、汝の麗しき胸につけたときだけ、それ「ブラッシング・ローズ」は輝く[55]」という一行が含まれている。

小説でも、ブラッシュ・ローズは若い女性の心理やキャラクターを描写する際に使われた。たとえば、「夫にするには裕福過ぎる」（一八六六年）の読者は、次の一行にメアリーの汚れのない純真を感じ取るだろう。「『ボブ、ばかなこと言わないでよ』、とメアリーは言って、彼女のボンネットにつけたバラのつぼみのように赤面した[56]」。また、「バラが言ったこと」（一八七九年）では、主人公の優美な身体と、彼女を取り巻く物質的な豊かさがブラッシュ・ローズを千切る様子に示され、彼女の世俗的な希望と無私な美徳の両方を表象している。

少女の顔は、明るい光と影でくっきりと色合いが付いており、まったく優美に見えた。ブルーのオーガンジーのドレスにブロンズ色の小さなスリッパは、それ自体はシンプルそのものだが、ダイナ嬢の持ち物に特徴的なコケティッシュな表情を備えている。彼女が六月の日の光の中に立って、海岸用の傘を後ろに傾け、くぼみのある手でブラッシュ・ローズをゆっくりと千切る様子は、まさに「絵のようにかわいらしい(57)」。

ヴィクトリア朝期の作家は、それ以前の時代の作家と異なり、服装描写を単なる文学的描写ではなく、観相学的なキャラクター情報を伝えるために使用したという(58)。ブラッシュ・ローズは、有効な手段の一つだったようだ。

明らかに、ブラッシュ・ローズは乙女の純潔やイノセンス、異性やセクシュアリティーに対する慎みを表象している。しかし、これは一九世紀に始まったことではない。様々な花の伝説、歴史的用途やシンボルの変遷を述べたジョン・イングラム作、『フローラル・シンボリカ』(一八七〇年)によると、一つの祖型は「花盛りのバラ」(blooming rose)を謳ったペルシャの詩にあるようだ。それは次のような内容である。ナイチンゲールが雪のように白いバラの処女王に恋をした。彼女は棘に囲まれて守られていたので、近づくことができない。しかし、彼女の魅力に抗しきれなくなったナイチンゲールは、棘に身体を狂おしく押し付けた。彼の血は処女の胸に滴り落ち、真っ赤に染まった。詩人は「かわいそうな鳥の血が届かなかったところは極端に白くなかっただろうか」と、謳ったという[59]。花芯が恋人の血で赤く染め抜かれた白バラに、乙女の慎み深さと、彼の狂おしいばかりの求めにも応じない処女の気高さを見ないのは難しい。

著者、イングラムは次のような神話も紹介している。

コリントの女王はしつこい恋人たちから逃れるために、ダイアナ神殿に逃げ込んだ。人々の怒号で彼女はその聖域から出ることを余儀なくされたが、その際、花に変身させてくださいと神々に請うた。彼女はバラに変えられたが、公衆に晒された時に頬を染めた赤面はそのまま残った[60]。

異性の称賛や、好奇のまなざしに晒されたことに対する乙女の慎み、そして、恥じらいが身体のニュアンスとなって現われることを記した神話である。イングラムは、コリントの女王を「神話学者の中には、バラの起源とするものもいる」と述べ、バラと赤面した乙女との連想を重視している。この他、バイロン（一七八八〜一八二四年）やレイ・ハント（一七八四〜一八五九年）の作品で、乙女の赤面とバラをモチーフにしたものも、いくつか挙げている[61]。

一方、バラ一般のシンボリズムはもっと多様だった。イングラムによると、古代ローマでは、バラは「愛と喜びとともに、沈黙のエンブレム」(62)であったという。バラはもっとも珍重された花であり、そのために饗応で用いられた。(63)饗応の神は、若くハンサムな男性がバラの花輪を頭に戴いた姿で表されたという。しかし、バラは墓石を飾るためにも使われた。バラ園はこの目的で遺贈され、相続者たちは毎年、遺贈者の命日に集まって墓のそばで食事をし、園のバラを墓に生けるように遺言されることもあったという。

この後、初期のキリスト教徒たちは、バラを饗応に使うことも、埋葬で使用することにも強く反対したという。(64)中世には、騎士がトーナメントでしばしばバラを身につけ、それは騎士道的愛の印だった。一方、ローマ法王が時の元首に黄金のバラを賜ることも当時の慣例だった。この場合、バラは死すべき肉体のエンブレムであり、金は魂の不滅を示したという。(65)イングラムはこの他、アントニーとクレオパトラの逸話からバラ戦争、チョーサー、スペンサーなどの作品（詩）における描写、南イングランドの習慣――乙女が亡くなると、白バラでつくった花輪を彼女に掛け、埋葬の後、それは教会の彼女の席だった場所に置かれた(66)――まで、バラの様々な使用例とシンボリズムを紹介している。彼が調べ上げた歴史からわかることは、バラにはセクシュアリティーと死、勇気、愛、美、献身、宥和、生命や美の儚さ、純潔など、様々なシンボルが寄せ集められていたことである。

ビヴァリー・シートンによると、キリスト教の主要なシンボルであったバラ（純潔と完全な愛）、百合（純潔）、すみれ（謙譲）が世俗化し、より個人的な意味を帯びるようになったのはルネサンス期であったという。花は抽象から実体を備えたものとして表象されるようになり、身体の記述と科学的考察に基づいた擬人化が行われた[67]。その後、ロマンチシズム時代までには、東洋の影響、リンネの植物分類法とその影響を受けた啓蒙主義時代の科学の発達によって、植物学や生物学に基づくセクシュアリティーがロマンティックラブのコンテクストに（再）導入された。その一方で、花は道徳性を帯びていったという。さらに、それまで濃厚だった花と女性、下層階級との連想は、優雅さや民主主義的精神へと変容していったらしい[68]。

わけてもバラは、「イングランドのバラ」と形容されたシャーロット王女（一七九六〜一八一七年）や、彼女のイメージをリサイクルした、若い頃のヴィクトリア（一八一九〜一九〇一年）を介して、健康美、高貴さ、若々しく適切な女性らしさと強く結びついていったようだ[69]。大衆的なレベルでも、リスペクタビリティーを損なわずに、愛と美のシンボルに収斂していったようである。ヴィクトリア朝期の著者であるイングラム（一八四二〜一九一六年）は、バラをこのような情緒の「通訳者」に位置づけている。

我々のもっとも繊細な感覚とデリケートな情緒の通訳者であるバラが、喜びと愛の象徴であることを改めて指摘する必要があろうか？　美の女神であるヴィーナスに捧げられ、彼女のように若さとイノセンス、喜びにおいて、もっとも優美なすべての典型である[70]。

同様に、『花言葉』（一八六九年）の作者も、「バラは若さ、イノセンス、罪のない喜びのイメージである。彼女はヴィーナスに属す」と述べ、バラを「我々の心情の通訳者」[71]と呼んでいる。「ヴィーナス」とは、ここでは愛と美と豊穣を司る女神の総称である。伝説の一つでは、ヴィーナスは海の泡から誕生し、それと同時に、地上にはバラが誕生したことになっている。

バラが「若さとイノセンス、喜びにおいて、もっとも優美なすべての典型」ならば、ブラッシュ・ローズはバラの中のバラであろう。そして、このように純化された表徴媒体としてのブラッシュ・ローズは、文字通り、若い女性の「心情の通訳者」になった。ヴィクトリア朝期における花言葉集の流行である。

シートンによれば、花言葉とは、「花の名前とそれに関連する意味のリストで、大方、恋愛の振る舞いに関するもの」[72]だという。イギリスには、一八二〇年代にフランスから入ってきた。[73]シャルロット・ド・ラトゥール作、『花の言葉』（一八一九年）が大流行のきっかけをつくったという。ただし、イギリスに持ち込まれる時に、性的、または不道徳な意味を持つもの、否定的な意味のもの、イギリス人になじみがなかったり、不適切な連想がある植物は削除されたという。[74]結果として、イギリスの花言葉は教訓的とはいわないまでも、道徳的になったようだ。その後、ヴィクトリア朝期には、膨大な数の花言葉集が出版された。多くの花言葉集は、バラにもっとも多くのページを割いている。たとえば、『ヤング・レディーズ・ジャーナル花言葉集』（一八六九年）の「バラ」の項では、アルファベット順に次のような対応付けがなされている。

アカシアーエレガンス、オーストリアン・エヴァーーチャーミング……ブライダルー完璧な愛、バーボンーハートのクイーン、赤のつぼみー少女、白のつぼみー愛のないハート、つぼみー秘められた愛……深紅ー内気な愛、野バラーシンプルさ……メイドゥン・ブラッシュ（Maiden Blush）―もし私を愛するなら、あなたは私を見つけるでしょう……（全34種）[75]。

興味深いことに、メイドゥン・ブラッシュ（一九世紀の文献ではこのように表記している）は、先に挙げたラトゥールの『花の言葉』には収録されていない。フレデリック・ショベールによる英語改訳版『花言葉：実例となる詩を添えて』（一八三四年）にもない。また、フランスの最初期の花言葉集の一つ、B・デラチェネイュ作、『植物誌のABC、または花言葉』（一八一〇年）にも含まれていないし、ヘンリー・フィリップス、『花のエンブレム』（一八二五年）にもないようだ[76]。特に、園芸ライターであるフィリップスの作品は「初期の花言葉の本で重要なもの[77]」だが、収録されていない。しかし、三年後にアメリカで出版されたエリザベス・ギャンブル・ワート編、『花の事典』（一八二九年）には収録されている。ワートは花言葉のリストを「いくつかの本や原稿」から数年がかりで集めた[78]というから、メイドゥン・ブラッシュとその花言葉――「もし私を愛するなら、あなたは私を見つけるでしょう」――は、一八二〇年代後半に、英米で使われ出したと考えてよさそうだ。

『花の事典』は「驚異的な成功」を収めたので、この花言葉集を真似たものは、以降、数多く市場に出回ったにちがいない。

花言葉集では、花の品種と色、情緒の対応関係は一義的である。中には、巻末に、"Rose, Bridal-Happy Love." "Happy Love- Bridal Rose" のように相互対照表が用意されているものもあり、情緒との対応づけがマニュアル化されている。さらに重要なことは、花言葉は恋愛におけるコミュニケーション・ツールとして提案されていることだ。『花のエチケット：その言葉と感情』（一八五二年）は、序文で次のように力説している。

花には、言葉では充分に言い表すことができず、愛する女性の前で口ごもってしまう内気な若者の胸の内に渦巻く情熱を、花を進呈することで代弁してくれるかもしれない荘厳さがある。可愛らしい女性の方も、これらの崇高な情緒に無感覚でいるわけではなく、「もらった」花を髪に絡ませたり、胸元に差すことを好む。恋人の眼差しは情緒を暴露するが、変化に富む感情を定義することはできない。花のボキャブラリーのこだまほど、純粋で熱心な感情はないのだ。(79)

言葉や表情が発するメッセージは多義性を帯びるので――「恋人の眼差しは情緒を暴露するが、変化に富む感情を定義することはできない」――、他者には理解しがたい。しかし、情緒と一対一対応の「花」を使えば、心情は確実に伝達されるというわけである。受け手は花を「髪に絡ませたり、胸元にさすこと」で、返信した。実際に、花の受け渡しのルールを記載した花言葉集も多く、受け取ったメッセージの正確な返信方法を読者に伝えている。「地面に投げ捨てられた花は、情緒に対して無頓着、もしくは無関心を意味する」、「頭部に置かれた花は懸念を意味し……唇は秘密を、心臓は愛を、胸は心配のエンブレムである(80)」などである。自己抑制を重んじるヴィクトリア朝の人々は、情動とその表現を自由に発散させることができなくなってしまったかのようだ。花言葉は、彼等の情緒を代弁するシークレットコードである。

確かに、メイドゥン・ブラッシュの花言葉は、女性から男性へ気持を伝える言葉である。しかし、リスペクタビリティーを重んじるヴィクトリア朝社会にふさわしく、品の良い女性用に処方されており、セクシュアリティーはごく控えめで、恥じらいと優美な繊細さが優っている。明るい顔色に差した頬の赤みは、髪に、ドレスに、パラソルに飾ったこの香り高い花によって、その意味を再言及され、自己抑制によって内面の奥底にしまい込まれてる「女性の美徳」について、見る人に考えさせたにちがいない。若い女性、特に、結婚市場で次の勝者になることを期待され、自らも求めるはずのブライズ・メイドにとって、これ以上に好ましい装飾品はなかっただろう。メタ身体としてのブラッシュ・ローズは、理想的なキャラクターを表象するための、品よく、楽しい手段になった。

終　章　ヴィクトリアンの自己抑制と赤面

1　「病気」にされた男性の赤面

見てきたように、ヴィクトリア朝期の女性たちは、理性や意志の力ではいかんともしがたいはずの赤面を現実的で、極めて女性らしい方法で扱った。彼女たちはモノの力を借りて美しい赤面をつくり出し、理想的なキャラクターをシミュレーションしたからである。確かに、その動作には、内面が携わり、情動表現の自己抑制が内在していた。そして、これは女性だけに許された特権でもあった。なぜなら、男性は赤面することさえ、許されなかったからである。本章では、赤面と自己抑制の関係を、「男性らしさ」の観点から再考する。

（1）不適切な赤面

そもそも、男性の赤面が語られる場は多くはなかった。医学書（生理学、神経学）の中で言及される程度である。そこでまず、これらの記述を考察し、男性の赤面の、いったい何が問題だったのかを探ることにする。

医学的見地から赤面を扱った著作は、「序章」で考察したバージェスの他、ハリー・キャンベルの医学論文「病的赤面：その病理と治療法」（一八九〇年）、C・ケンダル、「顔面紅潮と赤面の原因、症状に関する小論」(1)（一八九五年）、ヒュー・キャンベル、『不本意な赤面』（一八九〇年）、アーサー・ミッチェル、『夢、笑い、赤面について』（一九〇五年）などである。また、割いているページ数は少ないものの、アレグザンダー・モリソンも、『精神疾患についての講義大要』（一八二六年）の中で考察している。ハリー・キャンベル、ヒュー・キャンベル、アレグザンダー・モリソンは内科医である。しかし、ヒュー・キャンベルの『不本意な赤面』は、論文というよりも軽い読み物風である。ミッチェルの著作は、バージェスとダーウィンの赤面論を一般読者向けに概略している。ケンダルの著作は医学論文集に収められているが、ハウツーものに近い。彼は赤面、顔面紅潮研究のスペシャリストを自認し、メールオーダーで薬、または、治療法を患者に授けていたようだ。似たような本はおそらく他にもたくさんあっただろう（図 ending-1）。

ハリー・キャンベルは論文の冒頭で、「病的赤面」（morbid blushing）――これは論文のタイトル

121st Thousand. Post-free, Six Stamps.
BLUSHING.
MARK! TWO THOUSAND TESTIMONIALS!!
THE MED CAL FACULTY ASTONISHED!!
BLUSHING: ITS CAUSE, SELF-TREATMENT, AND A RAPID, PERMANENT, AND INEXPENSIVE CURE. VARNHAGEN'S SYSTEM explained. By a qualified Specialist.
A. B. SMITH, 131, HIGH PARK ST., LIVERPOOL.
図ending-1　赤面の治療本の広告（1893年）

でもある――を次のように定義している。「赤面が、世の中での個人の取引を妨げる場合、社交を遠ざける原因となる場合、孤独を求め、隠遁者の生活をもたらしたり、このすべてを引き起こす場合、言葉の本当の意味で、それは本質的に病的である」[2]。社会生活に支障をきたす赤面がある、と彼は考えたのだ。ヒュー・キャンベルも同様に、「不本意な赤面」は社交の楽しみを奪い、出世の機会さえ取り逃す恐れがあると警告している[3]。

ヒュー・キャンベルの観察では、「不本意な赤面」に悩む人は、女性よりも、「男性の方がより頻繁に、そして、深刻な悩みを伴う」[4]らしい。ハリー・キャンベルが挙げた症例でも、圧倒的に男性の方が多い。表ending-1はその内訳である。顕著な性差が見られるのは、「過度の赤面による害」と、「見知らぬ他者（異性を含む）」を目の前にしての赤面である。前者は赤面のために退職せざるを得なくなった、または、日常生活に重大な支障をきたしたなどの重症例である。男性全員の職業が明記され、それらは、お茶の品質鑑定士、元軍人、海軍省務め、元医学生、薬剤師見習い、聖職者、音楽家、服地屋店員である[5]。職種は多岐にわたるが、農業労働者や

表 ending-1　ハリー・キャンベル、『不本意な赤面』で分析された男女別の症例数

1章：赤面	男	女
過度の赤面による害	8	1
2章：赤面の原因		
赤面への懸念	0	2
身体に向けられた自意識	5	1
精神に向けられた自意識	3	0
3章：他の原因		
見知らぬ他者（異性 含む）	8	0
知人	3	3
他	4	0
孤独と暗闇の影響	7	2
遺伝	3	1
4章：赤面の前段階		
みぞおちの違和感	2	0
心臓の違和感	4	1
喉の違和感、発声不可	0	1（governess）
5章：赤面に伴う現象		
精神の混乱	2	2
隠れようとすること	1	0
震え	3	0
耳鳴り	0	1
動悸	2	0
6章：赤面に続く現象		
人工的な赤面	0	2
12章：薬物療法		
熱	0	2
計	55	19

家事使用人に代表される労働者階級よりも社会的に上に位置する人々のようだ。「見知らぬ他者（異性を含む）」を前に赤面する場合では、「客と接する時」と訴える例がほとんどである。[6] ここでは職業は記されていないが、小売店、特に、異性である女性客が訪れそうな服地屋、薬屋、食料品店の店員が想像される。女性客を扱う仕事場での赤面と、それに悩む男性である。

医学書ではないが、『姿の美しさ』（一八七〇年）の著者、D・G・ブリントンとG・H・ナフィーズも、「少なからぬ数の女性、そして、多くの若い男性がたいしたことでもないのに赤面する傾向によって苦しめられている」と指摘し、往々にしてこの種の赤面は「もっともバツの悪い時」に現れ、「精神のコントロールがまったく効かないようだ」と観察している。例として、彼らはマリー・アントワネットの廷臣だった男性の回想を引いている。「もし、誰かが『伯爵よ、ペルシャのカーン暗殺計画の容疑であなたを告発する』と、出し抜けに皆の前で言ったら、私の赤面と狼狽は有罪宣告となろう」[7]。自分の心情に反した、勝手な身体反応がとんでもない苦境を引き寄せてしまうというわけである。

ダーウィンによれば、若い男女は異性を前に、そうでない場合よりも頻繁に赤面する。また、他者から「罪あり」と非難されると、実際には罪を犯していなくとも、赤面するというから、彼の説に照らせば、これまで挙げてきた例は特殊というわけではまったくない。ところが、男性たちは赤面してしまうことをスティグマと捉え、苦しんでいる。このことは、赤面のために「すべての面で挫折を引き起こす」、「もっともありふれたことを処理するのも恐ろしい苦難」などの供述に現われている。(8) さらに観察すると、男性たちが恥じるのは、赤面を克服することができない意志の弱さであるようだ。たとえば、小説『医者の妻』に登場する若い医師、ジョージは、気にかけていた女性の名前（リジー）が友人の手紙の中で言及されると、「不本意に頬を染める」。彼はそんな「自分に腹を立てた」(9) と描写される。はにかみや当惑は、怒りとして感知されたのである。これとは対照的に、リジーの赤面は美しいか否かだけが問題だった。「彼は彼女の青白い顔しか見ることができなかった。そこに浮かんだかすかな赤面は、夕焼け空に反射するバラ色のように、揺らめき、消えていった」(10)。第二章で指摘したように、ジョージは「可愛らしく赤面しなかった」ソフロニアには恋愛感情を抱かなかったが、リジーには後に、猛烈にアタックをかけることになるのである。

ヒュー・キャンベルは、「深刻な悩みを伴う」男性の赤面として、次の症例を挙げている。

二八歳、どちらかといえば常に神経質だが、約二年前に、石版印刷業者との雇用契約を履行するためにニューヨークに行くまでは赤面しなかった。イギリス人であるために、しつこく、無情にからかわれた。すぐに赤面と精神の混乱をきたし、そのために攻撃が一層ひどくなった。生活は惨めになり、契約を破棄して帰国した。環境は以前より落ち着き、快適だが、赤面は続いている。(11)

三〇歳。幼年期より赤面。父親が彼と兄弟を常に恐怖に陥れた。罪があろうがなかろうが、父親が非難すると赤面した。父親のせいで、内気で臆病になってしまい、赤面が習慣になったと考える。学校では、赤面するたびに学友に指摘されたので、さらに悪化した。一九歳から二三歳まで、メキシコの牧場で極めて積極的に働いた。その間は決して赤面しなかった。自由な生活と常に専心するものがあったので、赤面のことを考える暇がなかった。帰国して以来、六年経つが、赤面が再発している。精神的なストレスと心配によって、ずっと増えた。[12]

「神経質」、つまり、神経過敏なために内省しすぎたり、情緒不安を起こしやすいようだが、彼等は、赤面と「精神の混乱」が同時に起こり、「精神的なストレスと心配によって「赤面が」ずっと増えた」と認識している。はにかみや当惑をコントロールできないために混乱し、それをストレスと感じるために、赤面をさらに悪化させるという悪循環に陥っているのだ。これは部分的には、文明的な生活や高い教養、幼い頃に受けた不適切な教育、または、職場のストレスのせいにされている。生まれ持った気質に加え、文化・社会環境が災いし、意志の力で赤面を克服することを一層難しくしているのである。

一方、女性の場合、病的赤面の症例自体、非常に少なく、あったとしても、原因は単に気質の問題にされている。「神経質、赤面が主な悩みである。そのために、人生を台無しにしたと、彼女は言う」[13]。このことは、職業を持つ女性にも当てはまる。ハリー・キャンベルが挙げた症例中、職業が記された女性は一人だけだが（ガヴァネス）、この場合も意志の力が問題にされることはない。

ガヴァネス、三三歳。五人の子供の相手。とても神経質で感情的。一度、列車事故にあって以来、悪化。子供部屋では、教え子たちと非常にうまくやっている。しかし、客間で家族といっしょになるとひどく赤面するので、彼等と合流することに常に不安を憶える。(14)

赤面の質はジェンダーによって決定されたのだ。頬を赤らめることが前提とされ、表情美と精神美といった道徳的基準に容貌の評価が加わることで、赤面の頻度や美しさが重視された女性に対し、男性の場合、赤面してしまうこと自体が問題だったのである。ジェンダーの違いによって、これほど異なる解釈がされた表情は、おそらく赤面を除いて他にはなかった。

では、なぜ、男性は赤面してはならなかったのだろう。真情を吐露する赤面は、「男性らしさ」と相容れなかったためである。男女は異なる神経組織を持ち、それは相補的な性質を形成するならば、男性に備わった特質は感性ではなく理性、柔軟性よりも不屈の精神、受動性ではなく決断力である。これは父と息子の間で育まれ、学校教育（特に、パブリックスクール）やスポーツを通して強化された。(15) さらに、活力に満ちた身体と強い精神力は、ますます成長する工業化社会と、拡張を続ける帝国が男性に求めた資質でもあったはずだ。「男性らしさ」は、男性の政治的、経済的、性的主体性を自明としたのである。(16) このような状況下では、感情の抑制がますます称揚された。一方、前章までに見てきたように、女性の理想のキャラクターと赤面は強く結びついていった。『夢、笑い、赤面について』の著者、ミッチェルも、赤面の男女差を次のように理解している。男性よりも女性の方が頻繁に、また、年齢が上がっても赤面する傾向が強いのは、女性の体質的な敏感さに加え、「理性」や「理解力」の発達が男性よりも遅いためである[17]。

実際、「病的赤面」の治療では、男性の理性と意志の力に訴えることが少なからずあった。ヒュー・キャンベルは著書の最後で、次のように患者に活を入れている。「『大胆で、確固たれ』は、単に困難に立ち向かうだけでなく、それを求め、『進んで困難と戦う』ことだ[18]」。バージェスも似たようなアドバイスをしている[19]。彼は「病的感受性」、または、「道徳的感受性が不自然な状態、または乱れた状態」で起こる赤面を偽物と見なし、それを「男性社会では、欠点と見なされているようだ」と、観察していた。

「病的赤面」の治療には、特殊な能力を持つ女性が引き合いに出されることもあった。一見、これは男性らしさの回復とは矛盾するようだが、そうではない。ヒュー・キャンベルは、女優の例――職業上の理由から、意識的に赤面することができるようになった――を引いて、「もし練習によって、赤面の習慣を意識的に引き起こすことができるならば、それを防ぐ逆の力を獲得することも望みうるかもしれない[20]」と述べている。ただし、この場合、疲弊した神経中枢の健康を取り戻すことが最優先であり、そうすれば、「自信が自意識に取って代わり、情緒の習慣が完全な制御に屈するようになる」としている。ハリー・キャンベルも似たような例を挙げている。彼は「自発的な赤面」と題した節で、公的な集まりを催す、ある若い夫人がこの能力を持つことが広く知られているると述べ、心臓の鼓動を自由に止めることができる人もいるくらいだから、「顔の皮膚の血管を意のままにすることができる人もいるかもしれない」[21]と書いている。また、他の研究者の見解として、「多くの人が意のままに赤面したり、蒼くなる器用さを備えていることはよく知られている。特に、そうしようと思っている男たらしの場合は。」[22]を引用している。

女性が赤面を意のままに操ることができたとしても、それは理性のためであってはならなかったようだ。少なくとも、ヒュー・キャンベルが挙げた女性は、いわゆるレディーではない。女優や男たらしのように、社会的逸脱者（そして、おそらく性的にも疑わしい女性）にこの役割を担わせることで、この能力は常軌を逸したものとなる。ヴィクトリア朝期の「男性らしさ」は、理性と意志の力をどうあっても占有したかったようである。思い出してみよう。第一章で論じたダーウィンは、女性に自己抑制を強い、それを「近代の美徳」にまで高めたのは、元々女性に備わっていたセクシュアリティーに対する羞恥心が高尚な道徳本能へと進化したためである、と考えていた。理性や意志の力とは異なる次元で、処理しようとしたのである。

明らかに、労働者階級よりも上の社会的地位を享受し、リスペクタブルな生活を送る男性にとって、不適切でない赤面は存在しなかった。大衆的な医学冊子の著者、ケンダルは、冊子の冒頭で次のように述べている。「自制のもっとも強力な努力をもってしても、恐ろしい症状［赤面］を制するには完全に無力」[23]な人がたくさんいる。しかし、冊子の最後では、「連絡はいかなる場合も内密で、親展を守り、文書、または小包の外側には、宛名以外、何も記さずに、顧客に郵送する」[24]と書いており、人に知れるとはずかしい病であるかのように赤面を扱っている。

（2） 精神疾患としての赤面

男性の赤面は恥ずべき悪癖と蔑まれ、さらには、精神疾患と同一視されることさえあった。ハリー・キャンベルは、男性では、自慰行為が異常な赤面を引き起こす傾向があると指摘している。その理由として、自慰は1．神経組織の発達に悪影響を与える、2．下劣で、軽蔑に値する悪徳を行っているという意識のために、精神が蝕まれ、病的な自意識の習慣を促進させる、を挙げている。「一人で耽る悪事」（solitary vice：当時、自慰はこのように呼ばれることが多かった）は、「赤面やその他の神経症の原因に重要な役割を果たす、自己注意の発達を必然的に促すことになる」[25]と、考えたわけだ。

性的活力は男性らしさを規定する一要素ではあるが、「一人で耽る悪事」という表現に明らかなように、自慰は自分の身体に密かに行う不道徳行為で、不健全と断罪された。著名な内科医、ヘンリー・モウズレーは著書、『身体と心』（一八七〇年）の中で、自慰（や「去勢のような性的不具」）は、「精神を破壊するよりもずっと前に道徳的エネルギーと感情を破壊し、最悪の場合、この影響は痴ほうになる知的障害の前兆となる」[26]と強い調子で述べている。この著書は、ダーウィンが『人、及び動物の表情について』を構想する際に参照したことでも知られる、影響力の大きい作品である。ウィリアム・アクトンも、著書、『生殖器の機能と疾患』（一八五七年）の中で自慰が精神に及ぼす害を説き、男性の身体を健全に発育させるためには、「自制」と「意志の力」によって、精神機能を適正に維持することが不可欠であると主張した[27]。アクトンも著名な内科医である。一方、モリソンは、「一人で耽る悪事」が嵩じて痴愚になってしまった男性のポートレートを著書に掲載している。この男性は「立派な教育」を受けていたという[28]。自慰に対する嫌悪は、本質的に、「過剰に対する恐怖」でもあった。男性の身体には一定量の精液しか蓄えられておらず、肉欲に耽って過度に消費することは、性的不能に陥ったり、心身の機能を働かせるために必要な活力を奪い去ると信じられていた[29]。わけても、自慰の偏執狂的な自己反復性は「器質性神経作用と精神の両方を弱め[30]」、精神疾患に繋がると考えられた。特に、ヒポコンデリーとの関係を指摘した医学書が多かった[31]。

このように、狂気の説明に道徳が持ち出されるようになったのは、スカルタンズによると、一九世紀初頭である。それまでは、精神の不調は体液（bodily humours）のアンバランスに帰されていたが、代わって、意志の病（disease of the will）と見なされるようになった[32]。特に、文明とそれに伴う贅沢な生活は意志の行使を不適切、または、不十分にすると考えられ、「洗練された生活の呪い[33]」と呼ぶ学者まで現われたという。スカルタンズは、バージェス、ベル、ダーウィンの赤面論を「狂気の生理学のステレオタイプ」を踏襲していると指摘している。本章で考察する医学書も、男性の赤面を意志の病のコンテクストで捉えている。ヒュー・キャンベルは「不本意な赤面」の原因を神経組織の異常と捉え、次のように述べた。「神経組織の動揺は一般に、自信を喪失させ、自意識を誘発する。その間、脳の中央統治原理――動物としての経済性を制御、規定し、健全な身体に健全な精神を保持する――の影響を妨げ、阻むのだ[34]」。過剰な自意識を「神経組織の発達に悪影響を与える」と指摘したハリー・キャンベルも、意志の病であることを意識している。彼はダーウィンに倣って、自意識（ダーウィンが「自己注意」と呼んだもの）を自己の身体に向けられるものと精神に向けられるものに分け、さらに、羞恥心、慎み深さ、はにかみの三つの心理に分類した。それによると、自己の身体に向けられるものであれ、精神に向けられるものであれ、自意識は過度になると、「他者に向けられるべき道徳心のレベルが低下し」、自分のことにしか注意が向かなくなる。それは人が社会化される以前の状態に戻ること、つまり、「退行」である。この極端な状態は、はにかみによってのみ起こる。(35) 極度のはにかみによって、人は自分を律し、正しく振る舞うことができなくなるのだ。自意識過剰がもたらす不具合を、彼は「精神の病」と呼び、さらに、自己の身体に向けられた過剰な自意識と過度の内省の両方を、「ヒポコンデリーに特徴的」(36)と指摘している。

では、先ほどの指摘にもあった、自慰がもたらすヒポコンデリーとは、どのような症状だろう。ジェームズ・パジェは、性とヒポコンデリーの関係に特化した論文、「セクシャル・ヒポコンデリー」の中で、「ヒポコンデリー」と呼びうるほど重篤な症状は少ないと断った上で、次のように述べている。

患者は不安でいっぱいで、気持ちを性機能から逸らすことができず、常に自分の感覚を用心深く観察し、ますます、その度合いを強めていく。そして、さらなる危害が続く。つまり、気持ちを性器へ向けることで、それらと、関係する神経組織がますます過敏になり、精液がより多く分泌され、排出を早める。こうして、気持ちは自身の不幸の源を倍加させるのである。[37]

自分の性器に過度に注意を向けてしまうことを、理性や意志の力で食い止めることができない。「不安でいっぱいで」、そのために、「ますます、その度合いを強めていく」思考回路を「セクシャル・ヒポコンデリー」と名付け、精神疾患と見なしたのである。この思考回路は、ヒュー・キャンベルが「深刻な悩みを伴う」赤面として挙げた男性の例にも、その兆候が見られる。

「セクシャル・ヒポコンデリー」の症状には、顕著な精神的・身体的衰弱が見られる。これは、ミドルクラスの男性に求められたワーキング・エシックスとは正反対のものだ。ビジネスの世界では、自恃、独立心、忍耐、勤勉、立ち直りの速さが強く求められた。これを損なう原因は早期に発見し、芽を摘む必要があっただろう。人々をさらに心配させたのは、自慰行為自体は決して珍しいことではなかった点である。特に、教養のある階級の子弟で、寮生活を行っているものに頻繁に見られると、[38]内科医であるクラウストンは、著書、『精神疾患に関する臨床講義』（一八八三年）の中で指摘している。つまり、ミドルクラスの子弟が容易に陥る悪癖であり、それは精神疾患に発展する恐れがあったのだ。

病的赤面は、自慰行為の直接の結果として語られたわけではないが、本章で扱う医学書では、「慢性的に赤面する人」という表現が頻繁に使われたことからもわかるように、両者とも、そのしつこい反復性が問題視されていた。セクシャル・ヒポコンデリー同様、病的赤面は偏執狂的で、意志の力不足や理性の欠如がもたらす「意志の病」であり、それゆえ、「自然な」、または、「正常な」男性らしさからの逸脱と見なされたのである。

これに対し、女性がヒポコンデリーを思うことは極めて少ないとされた。[39] 女性が多く患うとされた精神疾患はヒステリーだが、[40] この病と赤面が関係づけられることもなかったようだ。むしろ、ヒステリーは、もはや「花咲く少女」ではない人、または、偽の「花咲く少女」が患う病だった。ジェームズ・コプランドは『実用医学事典』（一八五八年）の中で、ヒステリーを思いがちな女性の特徴を次のように述べている。「若さが過ぎ去り、人生の進んだ段階では、道徳感情は悩みの種である。特に、浮ついて、浅はかな、独身の女性の場合は」。[41] 生活態度に着目したスケイは、上品な暮らしをする若い女性で、「生活の中で、限定的な責任しか持たず、やむを得ない仕事もなく、世俗的な楽しみに浸る時間と性向のある」[42] 人を挙げている。中、上流階級の女性ならば、誰でも当てはまりそうだが、ヒステリーが進行すると、「卵巣狂気」（または「オールド・ミス狂気」）を発症することもあると、主張するものさえいたから、[43] ヒステリーは本質的に「花咲く少女」とは相容れなかったことがわかる。

ロバート・カーターは、著書『ヒステリーの病理と治療』（一八五三年）の中で、さらに興味深い指摘をしている。強い情動の自然な表出を、社会の要請に合わせて常に抑えこむと、病的な影響が現われるようになる。女性は元来、情動を抑える意志の力が弱いが、特に、独身女性や貞操の堅い女性の場合、いかなる性的感情も抑えこむことを強要される。解放されずに溜め込んだ情動は、やがてヒステリー症状として爆発すると、彼は考えたのだ。[44] ここで、女性の赤面を振り返ってみると、女性は意志の力では男性よりも劣るものの、性の補完性理論により、セクシュアリティーに対する羞恥心を高尚な道徳本能へと進化させ、赤面することで、関係する情動を調整した。つまり、女性の赤面は、抑えられた情動の「自然で」、「正しい」解放手段だったのである。それゆえ、常に彼女の良き心身の表示であったのだ。ここに、見事なコントラストが見い出せよう。慎み深さによって自己調整された赤面が女性の占有であったならば、「意志の病」としての「病的赤面」は、「男性らしさ」のトラウマである。「男性らしさ」の理想は、「大胆さ」や「確信」の獲得と引き換えに、彼らに危険なほどの抑制を強い、赤面することを禁じたからである。

2　道徳観と自己抑制

最後に考えておきたいことは、道徳観抜きの自己抑制の可能性である。確かに、チェスターフィールド卿は、激しい表情は下品なので、「気質と顔つきを完全にマスターせよ」と息子に忠告していた。だが、自由な情動表現を完全に抑えこんだ無表情な顔に対して、ヴィクトリア朝の人々は居心地の悪さや不信感を抱いた。ウィルキー・コリンズは、「まったく静かで、ジェントルマンの落ち着きを備え」、「完全に表情のない」男性登場人物を、『バジル』（一八五二年）の中で描いている。この人は生地屋勤務で、主人から絶大な信頼を得ていた。つまり、職場で必要とされる能力を充分に備えた男性である。

どんな仮面も、それ［彼の表情］に似ているほど無表情ではありえなかった。しかし、それでも仮面のようなのだ。彼がしゃべっても、それは彼の考えについて何も語らない。だまっていても、彼の気質について何も知らせない。（中略）あなたの前に完全に無表情な、不可解な顔がある。あまりに無表情なので、うつろにさえ見えず、見るにつけても、考えるにつけても、ミステリーだ。何か隠しているが、悪徳なのか、美徳なのか、わからない。(45)

この登場人物の容貌は完全に整っており、その意味で、「ハンサム」でもある。しかし、「仮面」に例えられたこの人の顔は男らしいと評価されるどころか、「何か隠しているが、悪徳なのか、美徳なのか、わからない」と他者に感知させるがゆえに、むしろ邪悪だった（物語でも、後にそのことが明かされる）。厚化粧によって表情を失った女性の顔が「厚塗りのミイラ」と罵倒され、いつも否定的に評価されたことと同じである。

同様に、「赤面しない」は、自制心の権化であることを示したのではなく、自己検閲システムの不備、他者の感受性に対する無配慮や鈍感、そして、虚無を露わにしたに過ぎない。「赤面しない」人は不誠実で、恥知らずと同義でもあった。ここに、「男性らしさ」の理想が抱え込んだ、解消することのできない矛盾がある。このことは、ある小説の紹介文にもにじみ出ている。作品には、

「大義のために、赤面せずにウソをつく訓練をした、正直な紳士」が登場する。彼は、「他の正直な人達」を訓練して、この能力を習得させようとする。紹介者は、「大義は他の方法でも充分に果たしうる、と考える正直な人がおそらくまだいるだろう(46)」と述べ、たとえ善なる目的のためであっても、顔色一つ変えずにウソをつくことができる人物を信用しきれないでいるのだ。

自己抑制の時代には、赤面は、極めて繊細に調整された道徳観の表示であった。わけてもレディーの赤面は、心の奥底に隠された共感、羞恥心、罪悪感といった道徳的情動の宝を洞察させる。赤面は、外面から他者の真情を読み取ることができるとする人々のナイーブな感受性の最後の砦であると同時に、要でもあったのだ。女性たちが化粧をする真の理由も、そこにあったにちがいない。

あとがき

「赤面」をトピックにしたのは、半ば偶然だった。前著、『アリスの服が着たい』を書き終えたころ、共同研究を組むことになった。各々、トピックをひねり出さなければならなくなり、「ん〜、どうしよう……」と悩んでいた私に、「坂井さんはモノが好きだから、顔なんてどうですか？」という提案をメンバーの一人からいただいた。モノ↓顔？　かなり無理な気もしたが、顔そのものではなくて、顔の表面ならいけるかも……と思い直し、はじめたのがこの研究である。

いざはじめてみると、これは思いの外、奥が深いことにすぐに気付いた。顔の表面の問題にしても、化粧だけではない。「服の顔映り効果」や、アクセサリーとしての花がある。これらは現在でも、イギリスの女性たちが身につけるものを選ぶ際に、恐ろしいほど真剣になる項目である。加えて、顔の研究では必須である、観相学やダーウィンの著作を調べる傍ら、一九世紀のファッション誌を見ていくと、「ブラッシュ・ローズ」、「シンパセティック・ブラッシュ」、果ては「ブラッシング・ボンネット」まで出てきてしまった。これはもう、赤面で行くしかない！　と思ったのである。

あとがき

私のヤマカンは当たったと思う。当時、赤面ほど重視された表情は、おそらく「涙」をのぞいて他になかった。赤面はヴィクトリアンの心性を理解する上でのキーワード、自己抑制と直結していたにもかかわらず、ヴィクトリア朝研究でこのトピックが論じられることは稀である。取り上げられたとしても、ダーウィンの表情論の一部として言及される程度だ。これを顔色／外面と内面、モノとの関係から論じた意義は大きいと信じる。

研究を進めるにあたり、多くの方々からご助力を賜った。モノに関しては、ヴィクトリア朝期の化粧品など、いったいどこに保管されているのか検討もつかなかったが、ロンドン博物館学芸員、ベアトリス・ベレン氏他のご助言を得て、現存資料を調べることができた。また、表情の解釈と歴史的背景については、勤務先の同僚でもある、日本女子大学人間社会学部教授、遠藤知巳先生から多くをご教示いただいた。本著で使用した資料のいくつかは、遠藤先生からコピーさせていただいたものである。この場を借りて、心よりお礼申し上げます。出版にあたっては、勁草書房編集部の橋本晶子氏にお世話になった。一冊の書物に仕上げていただいたことを感謝致します。

二〇一二年　ロンドンオリンピックの終わった秋に

坂井妙子

初出一覧

初出は以下の通り。ただし、大幅に加筆修正を加えている。

第一章：「赤面――チャールズ・ダーウィン『人及び動物の表情について』」『日本女子大学総合研究所紀要』二〇〇九年一二号、一八九―二〇五号。

第二章：「頬を染める乙女――ドリー・バーデン」同紀要二〇一〇年一三号、二五二―二六四頁。

第三章：「ヴィクトリア朝期に於ける衣服の色と顔色をめぐる諸問題」『日本家政学会誌』二〇〇九年六〇巻一号、一九―二四頁。

第四章：「化粧で乙女キャラをつくる？――赤面を巡る言説」『アジア遊学』二〇〇九年一一八号、一五九―一六七頁。

第五章：「ブラッシング・ローズを纏う――ヴィクトリア朝後期イギリスに於ける若い女性のキャラクター表出」『日本家政学会誌』二〇一〇年六一巻一号、三七―四四頁。

坂井妙子　ウェディングドレスはなぜ白いのか　四六判　二七三〇円
坂井妙子　おとぎの国のモード　ファンタジーに見る服を着た動物たち　四六判　三二五五円
神原正明　アリスの服が着たい　ヴィクトリア朝児童文学と子供服の誕生　四六判　三〇四五円
神原正明　快読・西洋の美術　視覚とその時代　四六判　二五二〇円
神原正明　快読・日本の美術　美意識のルーツを探る　四六判　二四一五円
小池三枝　快読・現代の美術　絵画から都市へ　四六判　二五二〇円
徳井淑子　服飾の表情　四六判　二七三〇円
本田和子編　服飾の中世　四六判　三〇四五円
　ものと子供の文化史　四六判　二四一五円

＊表示価格は二〇一三年二月現在。消費税は含まれております。

著者略歴

1990年　日本女子大学大学院文学研究科博士課程前期修了
1995年　ロンドン大学大学院博士課程修了（M. Phil. 取得）
2004年　ヴィクトリア・アンド・アルバート美術館特別研究員
現　在　日本女子大学人間社会学部教授
著　書　『ウエディングドレスはなぜ白いのか』（勁草書房、1997年）『おとぎの国のモード』（勁草書房、2002年）『アリスの服が着たい』（勁草書房、2007年）『ファッションの歴史』（分担執筆、朝倉書店、2002年）『ピーターラビットは時空を超えて』（分担執筆、北里書店、2004年）『衣装で読むイギリス小説』（分担執筆、ミネルヴァ書房、2004年）『ギャスケルで読むヴィクトリア朝前半の社会と文化』（分担執筆、彩流社、2010年）、他。

レディーの赤面
ヴィクトリア朝社会と化粧文化

2013年２月25日　第１版第１刷発行

著　者　坂《さか》井《い》妙《たえ》子《こ》
発行者　井村寿人

発行所　株式会社　勁《けい》草《そう》書房

112-0005 東京都文京区水道2-1-1 振替 00150-2-175253
（編集）電話 03-3815-5277／FAX 03-3814-6968
（営業）電話 03-3814-6861／FAX 03-3814-6854
平文社・青木製本所

ISBN978-4-326-65379-9　Printed in Japan

注

序　章

(1)　W. Ray Crozier, *Blushing and the Social Emotions* (Basingstoke, Hampshire and New York: Macmillan, 2006).

(2)　Robert Edelmann, *Coping with Blushing* (London: Sheldon Pr., 1994).

(3)　Paolo Mantegazza, *Physiognomy and Expression* (London: Walter Scott, 1889), p. 251.

(4)　Ibid., p. 251.

(5)　Ibid., p. 279.

(6)　Nora Barlow ed. *The Autobiography of Charles Darwin* (New York and London: W. W. Norton & Co., 2005), p. 61.

(7)　観相学自体は古代から存在する．古代からラーヴァターまでの歴史については，すでに多くの研究がなされているので，他書に譲る．日本語で読めるものとして，たとえば，浜本隆志，柏木治，森貴史編『ヨーロッパ人相学』（白水社，2008年）．

(8)　J. C. Lavater, *Essays on Physiognomy*, 3 vols., T. Holloway ed., H. Hunter trans. (London: J. Murray, 1789-98), 1:77: Kevin Berland, "Inborn Character and Free Will in the History of Physiognomy," Melissa Percival and Graeme Tytler eds., *Physiognomy in Profile* (Newark: Univ. of Delaware Pr., 2005), p. 25.

(9)　Kevin Berland, op. cit., p. 25.

(10)　前掲，浜本隆志他編，81頁．

(11)　Roy Porter, "Making Faces: Physiognomy and Fashion in Eighteenth-century England," *Etudes Anglaises* (Paris), No.4 Oct-Dec., 1985, pp. 385-396.

(12)　前掲，浜本隆志他編，81頁．

(13)　Jonathan Smith, *Charles Darwin and Victorian Visual Culture* (Cambridge: Cambridge Univ. Pr., 2006), p. 198.

(14)　Sharrona Pearl, *About Faces* (Cambridge, Massachusetts, and London: Harvard Univ. Pr., 2010), p. 12.

(15)　Rosa Baugham, *The Handbook of Physiognomy* (London: George Redway, 1885), p. 19.

(16) S. R. Wells, *The New System of Physiognomy* (1866), p. 28.
(17) Mary Cowling, *The Artist as Anthropologist* (Cambridge: Cambridge Univ. Pr., 1989).
(18) 例えば，以下の作品．Charles Dickens 1, *Barnaby Rudge*, 1841 (London: Penguin Classics, 2003), p. 84. チャールズ・ディケンズ／小池滋訳『バーナビー・ラッジ』(集英社，1975年)，62頁．以降，原文はこの版から引用．邦訳頁も記す．*Our Mutual Friend* (1865) では，ラーヴァターについて言及しているとティトラーは指摘している．Graeme Tytler, *Physiognomy in the European Novel* (Princeton: Princeton Univ. Pr., 1982), p. 187.
(19) Mary Elizabeth Braddon 1, *The Lawyer's Secret*, 1862 (London: Hesperus Classics, 2009), p. 15.
(20) Ibid., pp. 3-4. ただし，弁護士も同様にハンサムである．
(21) Graeme Tytler, op. cit., p. 220.
(22) *The Toilette of Health, Beauty, and Fashion*, 1834 (Kessinger Publishing's), reprint. p. 188.
(23) S. R. Wells, op. cit., pp. 329-330. Robert Rogerson, *What the Eye can see in Human and Animal Character* (Edinburgh and Glasgow: J. Menzies & Co., 1892), pp. 155-162.
(24) Mary Cowling, op. cit., p. 121.
(25) S. R. Wells, op. cit., pp. 537-538.
(26) Ibid., p. 538.
(27) Mary Cowling, op. cit., pp. 123-124.
(28) Charles Dickens 2, *David Copperfield*, 1849-50 (London: Penguin Classics, 1988), p. 352. チャールズ・ディケンズ／市川又彦訳『デイヴィド・コパフィールド』(岩波書店，1988年) 2巻 264-265頁．以降，原文はこの版から引用．邦訳頁も記す．
(29) Ibid., p. 163: 1巻 215頁．
(30) Ibid., p. 61: 1巻　38頁．
(31) Ibid., p. 67: 1巻　47頁．
(32) Mary Ann O'Farrell, *Telling Complexions* (Durham and London: Duke Univ. Press, 1997), pp. 90-91.
(33) Martina Lauster, "Physiognomy, Zoology, and Physiology as Paradigms in Sociological Sketches of the 1830s and 40s," Melissa Percival and Graeme Tytler eds., *Physiognomy in Profile*, op. cit., p. 171.
(34) Albert Smith, *The Natural History of the Flirt* (London: D. Bogue,

1848） reprint. pp. 16-17.

(35) Ibid., pp. 30-31.

(36) Charles Darwin 1, Paul Ekman, Introduction, *The Expression of the Emotions in Man and Animals*, 1872（Oxford and New York: Oxford Univ. Pr., 1998), p. 310. なお，邦訳は以下を参照する．ダーウィン，浜中浜太郎訳『人及び動物の表情について』（岩波書店，2007 年）.

(37) ダーウィンは，フランスの画家，シャルル・ル・ブラン（1619-90 年）の『感情表現に関する講演』（1667 年）を「若干立派な意見が含まれている」が，大方「驚くほどナンセンス」と酷評し，オランダの解剖学者，ペトルス・カンパー（1722-89 年）の『様々な情動を表現する方法についてのペトルス・カンパーによる講演』（1774 年）は「この主題について何ら著しい進歩をしているとは考えられない」と一刀両断にした．ル・ブランは観相学と美術を結びつけたことでよく知られ，カンパーは「顔面角」によって，猿から類人猿，有色人種，白人の序列を示したことで知られていた．また，ラファターの『観相学断片』の編者であるM. モローについても，「この問題の原理についてほとんど解明していない」と手厳しく批判した． Charles Darwin 1, op. cit., pp. 7, 12.

(38) W. Ray Crozier, op. cit., p. xi.

(39) Charles Bell, *The Anatomy and Philosophy of Expression as Connected with the Fine Arts*, 1806（London: George Bell & Sons, 1904） reprint. なお，邦訳は以下を参照する．チャールズ・ベル／岡本保訳『表情を解剖する』（医学書院，2005 年）. Thomas H. Burgess, *The Physiology or Mechanism of Blushing*（London: John Churchill, 1839).

(40) William Montgomery, "Charles Darwin's Thought on Expressive Mechanisms in Evolution," Gail Zivin ed., *The Development of Expressive Behavior*（Orlando, San Diego: Academic Press inc., 1985), p. 30. Thomas Dixon, *From Passions to Emotions*（Cambridge: Cambridge Univ. Pr., 2003), p. 168.

(41) ジョナサン・クレーリー／遠藤知巳訳『観察者の系譜』（十月社，1997 年）124 頁.

(42) Bernard Lightman 1, *Victorian Popularizers of Science*（Chicago and London: Univ. of Chicago Pr., 2007), p. 5.

(43) Ibid., p. 2.

(44) たとえば，ウェルズはベルの解釈を部分的に抜き写し，同じ見解を繰り返している．また，バージェスやダーウィンの赤面論は，1890 年代に多く出版された赤面の治療を目的とした冊子にしばしば引用，または，盗用

された．S. R. Wells, op. cit., p. 253.
Hugh Campbell, *Involuntary Blushing* (London: Henry Renshaw, 1890). Harry Campbell, *Flushing and Morbid Blushing* (London: H. K. Lewis, 1890). Sir Arthur Mitchell, *About Dreaming, Laughing and Blushing* (Edinburgh and London: William Green and Sons, 1905) など．

(45) Kathleen Ann Kelly, "The Science of Character: Victorian Physiognomy and its Use by W. P. Frith and Charles Dickens in the Illustration of Personalities," MA. Thesis, 1995 UMI No. 1383556, p. 49.

(46) Lucy Hartley, *Physiognomy and the Meaning of Expression in Nineteenth-century Culture* (Cambridge: Cambridge Univ. Pr., 2005), p. 46.

(47) 矢島壮平「ダーウィンとイギリス自然神学」日本科学哲学会編『ダーウィンと進化論の哲学』（勁草書房，2011 年）87 頁．

(48) Lucy Hartley, op. cit., p. 61.

(49) Charles Bell, op. cit., p.2.

(50) Ibid., p. 113.

(51) Ibid., p. 126.

(52) Lucy Hartley, op. cit., p. 74.

(53) Ibid., pp. 75–76.

(54) Charles Bell, op. cit., pp. 88–89.

(55) Ibid., p. 18.

(56) Sir Gordon Gordon-Taylor and E. W. Walls, *Sir Charles Bell: His Life and Times* (Edinburgh and London: 1958), pp. 17–18.

(57) Charles Darwin 1, op. cit., p.7.

(58) Thomas H. Burgess, op. cit., p. iii.

(59) Ibid., p. 18.

(60) Ibid., pp. 20–21.

(61) Ibid., pp. 70, 73.

(62) Ibid., p. 48.

(63) Ibid., p. 24.

(64) Lucy Hartley, p. 175.

(65) T. H. Burgess, op. cit., p. 26.

(66) Ibid., pp. 67–68.

(67) Ibid., p. 24.

(68) Ibid., p. 25.

(69) Ibid., p. 21.

(70) Ibid., p. 57.

(71) Ibid., pp. 125-127.
(72) Ibid., pp. 123-124.
(73) Ibid, pp. 24-26, 82-84, 147, 156.
(74) Ibid., pp. 137-147.
(75) Ibid., p. 147.
(76) Ibid., p. 1.
(77) Ibid., pp. 54-55.
(78) この箇所はダーウィンも引用している．Charles Derwin 1, op. cit., p. 335.
(79) Brian Cummings, "Animal Passions and Human Sciences: Shame, Blushing and Nakedness in Early Modern Europe and the New World," Erica Fudge, Ruth Gilbert, Susan Wiseman eds., *At the Borders of the Human: Beasts, Bodies and Natural Philosophy in the Early Modern Period* (New York: Macmillan Pr., 1999), p. 30.
(80) Ibid.
(81) John Tosh, *A Man's Place: Masculinity and the Middle-class Home in Victorian England* (New Haven and London: Yale Univ. Pr., 2007), pp. 43-44.
(82) Angela Rosenthal, "Visceral Culture: Blushing and the Legibility of Whiteness in Eighteenth-century British Portraiture," *Art History* Vol. 27, No. 4 (2004), p. 575.
(83) Uvedale Price, *An Essay on the Picturesque, as Compared with the Sublime and the Beautiful* (1796), pp. 217-18.: Angela Rosenthal, op. cit. p. 575.
(84) Ruth Bernard Yeazell, *Fictions of Modesty* (Chicago and London: Univ. of Chicago Pr., 1991), p. 65.
(85) John Gregory, *The Young Lady's Parental Monitor: Containing Dr. Gregory's Father's Legacy to his Daughters*, 1774 (Kessinger Publishing's) reprint. p. 18.
(86) John Tosh, op. cit., pp. 27-34.
(87) Ibid., p. 56.
(88) Mary Wollstonecraft, *A Vindication of the Rights of Woman*, 1792 (New York: Dover Publications Inc., 1996), p. 134.
(89) Ibid., p. 70.
(90) Ibid., p. 19.
(91) Ibid., p. 125.

(92) Bernard Mandeville, *The Fable of the Bees: or, Private Vices, Publick Benefits* (London: J. Roberts, 1714)：バーナード・マンデヴィル／泉谷治訳『蜂の寓話』(法政大学出版, 1985年) 60頁.

(93) Ruth Bernard Yeazell, op. cit., p. 71.

(94) Angela Rosenthal, op. cit., pp. 581-582.

(95) Alexander Walker, *Woman Physiologically Considered as to Mind, Morals, Marriage, Matrimonial Slavery, Infidelity, and Divorce*, 1840 (Kessinger Publishing) reprint. p. 8.

(96) Ibid., p. 27.

(97) Charles Darwin 2, *The Descent of Man and Selection in Relation to Sex*, 1871 (London: Penguin Books, 2004), p. 629：チャールズ・ダーウィン／長谷川真理子訳『人間の進化と性淘汰』II (文一総合出版, 1999年) 第2巻 399頁. 以降, 原文はこの版から引用, 邦訳頁も記す.

(98) Ibid.

(99) Ibid. p. 630: 長谷川訳, 第2巻, 400頁.

(100) Angela Rosenthal, op. cit., p. 582.

(101) *Regency Etiquette: The Mirror of Graces*, 1811 (Mendocino: R. L. Shep, 1997), p. 49.

(102) Ibid., p. 156.

(103) Joseph Simms, *Physiognomy Illustrated or, Nature's Revelations of Character*, 1889 (Kessinger Publishing's) reprint. p. 578.

(104) Thomas Woolnoth, *The Study of the Human Face* (London: William Tweedie, 1865), p. 177.

(105) Mary Cowling, op. cit., p. 12.

(106) Lucy Hartley, op. cit., pp. 110-115.

(107) Charles Darwin 2, op. cit., p.640: 長谷川訳, 第2巻, 408頁.

(108) Lori Anne Loeb, *Consuming Angels: Advertising and Victorian Women* (New York and Oxford: Oxford Univ. Pr., 1994), p. 8.

(109) Ibid., pp. 26-32.

(110) Sir James Paget 1, "Physiognomy of the Human Form," *The Quarterly Review*, 99 (1856), p. 457.

(111) Graeme Tytler, op. cit., pp. 123-165.

(112) Mary Ann O'Farrell, op. cit., pp. 4-5.

(113) Mary Cowling, op. cit., p. 86. なお, フリスと観相学の関係については, 同書, 第5章参照. 作品分析に関しては, 第6章参照.

(114) Ibid., pp. 107-109.

（115） Ruth Bernard Yeazell, op. cit., p. 77.

第一章

（1） Nora Barlow ed., op. cit., pp. 107–108.

（2） Ibid.

（3） Janet Browne 1, "Darwin and the Expression of the Emotions," David Kohn ed., *The Darwinian Heritage* (Princeton: Princeton Univ. Pr., 1985), p. 309.

（4） Nora Barlow ed., op. cit., p. 107.

（5） Charles Darwin 1, op. cit., p. 17.

（6） Ibid., p.34.

（7） Ibid.

（8） ルーシー・ハートレーは，三つの原理を思索するにあたり，ダーウィンがウィリアム・カーペンター，トマス・レイコック，アレグザンダー・ベイン，ハーバード・スペンサー等を参考にしたと指摘している．Lucy Hartley, op. cit., p. 156. また，ウィリアム・モンゴメリーは，ダーウィンの祖父，エラスムス・ダーウィンの研究に多くを負っていると指摘する．William Montgomery, op. cit., pp. 38–42. 一方，トマス・ディクソンによると，ダーウィンは連合と遺伝に関して，倫理学では特に次の二冊を参照し，自然神学ではベルとバージェスの他，後の二冊を参照したという．John Abercrombie, *Inquiries Concerning the Intellectual Powers and the Investigation of Truth* (Edinburgh: Waugh and Innes, 1830). James Mackintosh, *Dissertation on the Progress of Ethical Philosophy* (Edinburgh: Black, 1837). William Kirby, *On the Power, Wisdom, and Goodness of God as Manifested in the Creation of Animals and in their History, Habits and Instincts* (London: William Pickering, 1835). Henry Lord Brougham, *Dissertations on Subjects of Science Connected with Natural Theology* (London: Knight, 1839). Thomas Dixon, op. cit., pp. 160–164.

（9） Charles Darwin 1, op. cit., p. 35.

（10） Thomas Dixon, op. cit., p. 162.

（11） Charles Darwin 1, op. cit., p. 36.

（12） Ibid., p. 22.

（13） Duchenne de Boulogne, *Mécanisme de la Physionomie Humaine* (Paris: V Jules Renouard, Libraire,1862). Pierre Gratiolet, *De La Physionomie et des Mouvements d'Expression* (Paris: 1865). Theodor Piderit, *Wissenschaftliches System der Mimik und Physiognomik* (Detmold:

1867). Alexander Bain, *Senses and the Intellect* (John W. Parker and Son, 1855), —, *The Emotions and the Will* (London: Longmans, 1859). Herbert Spencer, *Principles of Psychology* (London: Longman, Brown, Green and Longmans, 1855). Jacob Henle, *Handbuch der systematischen Anatomie des Menschen* (Braunschweig: Druck und Verlag von Friedrich Vieweg und Sohn, 1858).

(14)　Charles Darwin 1, op. cit., pp. 16–17.

(15)　"The physiology of laughter," in Herbert Spencer, *Essays: Scientific, Political, and Speculative*, 2nd series (London: Williams and Norgate, 1863), pp. 105–19: Thomas Dixon, op. cit., p. 165.

(16)　Thomas Dixon, op. cit., pp. 170–171.

(17)　Thomas H. Burgess, op. cit., p. 134.

(18)　Charles Darwin 1, op. cit., pp. 321, 319.

(19)　Charles Darwin 2, op. cit., p. 135: 長谷川訳，1巻，84頁.

(20)　Ibid. pp. 121–122: 長谷川訳，1巻，70–71頁.

(21)　Ibid., p. 144: 長谷川訳，第1巻，92頁.

(22)　Ibid., pp. 120–121: 長谷川訳，第1巻，70頁.

(23)　Robert J. Richards 1, *Darwin and the Emergence of Evolutionary Theories of Mind and Behavior* (Chicago and London: Univ. of Chicago Pr., 1987), pp. 208–210.

(24)　Charles Darwin 2, op. cit., p.149：長谷川訳，第1巻，96頁.

(25)　Ibid., p. 147：長谷川訳，第1巻，94頁.

(26)　Nora Barlow ed., op. cit., p. 107.

(27)　William Montgomery, op. cit., p. 33.

(28)　Charles Darwin 1, op. cit., p. 360.

(29)　ルーシー・ハートレーはこの著作を「即座にベストセラーになった」と評しているが，この意見に賛成しない研究者も多いという．Lucy Hartley, op. cit., pp. 142, 213.

(30)　Nora Barlow, op. cit., p. 108.

(31)　Charles Darwin 1, op. cit., p. 310.

(32)　Ibid., p. 310.

(33)　Ibid., p. 210.

(34)　Ibid., p. 212.

(35)　Ibid., p. 321.

(36)　Ibid., pp. 236–237.

(37)　Ibid., p. 212.

(38) Ibid., p. 333.
(39) Ibid.
(40) Ibid., p. 310.
(41) Charles Bell, op. cit., p. 89.
(42) Thomas H. Burgess, op. cit., p. 147.
(43) Charles Darwin 1, op. cit., pp. 322–324.
(44) Ibid., p. 324.
(45) Ibid., p. 310.
(46) Ibid., p. 310.
(47) Ibid., p. 311.
(48) Ibid., p. 324.
(49) Ibid.
(50) Ibid.
(51) Charles Darwin, 'Notebook N', p. 577: Lucy Hartley, op. cit., p. 173.
(52) Charles Darwin 1, op. cit., p. 325.
(53) Ibid. , p. 327.
(54) Janet Browne 1, op. cit., p. 312.
(55) Charles Darwin 1, op. cit., p. 316.
(56) Ibid., p. 318.
(57) Ibid., p. 319.
(58) ダーウィンは1832年にビーグル号でディエラ・デル・フエーゴを訪れた際，そこで出会った半裸で荒々しい先住民の感想を次のように書き残している．「野蛮人と文明人の間に，これほど大きな違いがあるのは信じがたい．それは野生動物と家畜以上の差があるし，人間に関しては，発展のより偉大な力がある」．Charles Darwin 3, *Journal of Researches into the Geology and Natural History of the Various Countries Visited during the Voyage of H. M. S. Beagle Round the World under the Command of Capt. FitzRoy R. N. from 1832 to 1836* (London: Henry Colburn, 1839), p. 228: Lucy Hartley, op. cit., pp. 172–173.
(59) Charles Darwin 1, op. cit., p. 317.
(60) Ibid., p. 331.
(61) Ibid., pp. 331–332.
(62) Ibid., p. 332.
(63) Ibid., p. 334.
(64) Ibid., p. 319.
(65) Ibid., p. 327.

(66) Ibid.

(67) Ibid.

(68) Ibid., pp. 329-330.

(69) Ibid., pp. 332-333.

(70) Ibid., p. 333.

(71) Ibid., p. 336.

(72) Thomas Dixon, op. cit., pp. 165-72. William Montgomery, op. cit., p. 36. Robert Richards 2, "Darwin on mind, morals and emotions," Jonathan Hodge and Gregory Radick eds.. *The Cambridge Companion to Darwin* (Cambridge: Cambridge Univ. Pr., 2009), pp. 113-115.

(73) Charles Darwin 1, op. cit., p. 335.

(74) Ibid., pp. 335-336

(75) Ibid., p. 444.

(76) Charles Darwin 2, op. cit., p. 301-302 : 長谷川訳，第2巻，68頁.

(77) Ibid., p. 302: 長谷川訳，第2巻，68-69頁.

(78) 参考までに加えると，デズモンドとムアは，『人，及び動物の表情について』の前年に出版された『人間の進化と性淘汰』を，「イギリス人の進化についての机上の空論的な冒険で，猿から這い上がり，苦労して野蛮状態を克服し，世界中に広がった」と評している．

Adrian Desmond and James Moore, *Darwin: The Life of a Tormented Evolutionist* (New York and London: W. W. Norton & Company, 1994), p. 579.

(79) Jonathan Smith, op. cit., , p. 20.

(80) Ibid., p. 242.

(81) Gowan Dawson, *Darwin, Literature and Victorian Respectability* (Cambridge: Cambridge Univ. Pr., 2007), p. 74.

(82) Charles Darwin 1, op. cit., pp. 324, 314.

(83) Janet Browne 2, "Darwin in Caricature," Barbara Larson and Fae Brauer eds., *The Art of Evolution* (Hanover, New Hampshire and London: UP of New England, 2009), p. 27.

(84) ただし，その起源は古典文学にまで辿ることができるという．H. W. Janson, *Apes and Ape Lore in the Middle Ages and the Renaissance* (London: The Warburg Institute, 1952), p. 208 : Gowan Dawson, op. cit., p. 64.

(85) Gowan Dawson, op. cit., pp. 55-74.

(86) Ibid., p. 28.

（87） Janet Browne 2, op. cit., pp. 28-30.

（88） Ibid., p. 30.

（89） Jonathan Smith, op. cit., pp. 21-22.

（90） James Secord, "How Scientific Conversation Became Shop Talk," Aileen Fyfe and Bernard Lightman eds., *Science in the Marketplace*（Chicago and London: Univ. of Chicago Pr., 2007）, pp. 42-43.

（91） C. Strachey ed., *The Letters of Lord Chesterfield to his son*, 2 vols.（London: Methuen, 1901）, I, p. 335: Roy Porter, op. cit., pp. 391-392.

（92） Alexander Morison, *Outlines of Lectures on Mental Diseases*（Edinburgh: 1825）, p. 104.

（93） Charles Bell, op. cit., p. 181: 岡本訳，192 頁.

（94） Sharrona Pearl, op. cit., p. 81.

（95） George J. Romanes, "Mental Difference between Men and Woman," *The Nineteenth Century* 21（1887）, pp. 654-660.

（96） Charles Darwin 2, op. cit., p. 143: 長谷川訳，第 1 巻，90 頁.

（97） Charles Darwin 1, op. cit., p. 333.

（98） Paolo Mantegazza, op. cit., p. 247.

（99） Phillip Prodger 1, *Darwin's Camera*（Oxford: Oxford Univ. Pr., 2009）, p. 213.

（100） Havelock Ellis, "The Evolution of Modesty"（1899）, in *Studies in the Psychology of Sex*, 2 vols.（New York: Random House, 1942）, 1 1:45, 73: Ruth Bernard Yeazell, op. cit., pp. 229, 234.

（101） Thomas Spencer Baynes, "Darwin on Expression," *Edinburgh Review* 137（1873）, p. 494.

（102） 別の箇所でもベインは，ダーウィンが「表情のための特別な筋肉の意図的使用を断固反対した」と批判している．Ibid., p. 525.

（103） Gowan Dawson, op. cit., p. 18.

（104） Thomas Spencer Baynes, op. cit., p. 503.

（105） 詳しくは Gowan Dawson, op. cit., Chap. 2 参照.

（106） Jonathan Smith, op. cit., p. 242.

（107） John Tosh, op. cit, pp. 43-46.

（108） 矢島によると，目的を持って創造する神がいなくても，進化はそれ自体，合目的性を持つとする考えは，すでに『種の起源』（1859 年）で示唆されている．前掲 矢島壮平，99 頁.

（109） ジャン＝クロード・ボローニュ／大矢タカヤス訳『羞恥の歴史』（筑摩書房，1994 年）396 頁.

第二章

(1) W. P. Frith, Nevile Wallis ed., *A Victorian Canvas* (London: Geoffrey Bles, 1957), p. 56.

(2) David Trotter, "Dickens and Frith," Mark Bills and Vivien Knight eds., *William Powell Frith* (New Haven and London: Yale Univ. Pr., 2006), p. 30-39.

(3) W. P. Frith, op. cit., p. 58.

(4) Ibid.

(5) トロッターによると，これはディケンズの友人，フランク・ストーンがフリスに注文し，ジョン・フォスターに譲ったものである．フォスターはディケンズの友人であり，後に，彼の伝記を著した．David Trotter, op. cit., p. 31.

(6) "The Charles Dickens Sale," *The Queen* (Jul. 16, 1870), p. 44.

(7) Ibid., p. 44.

(8) ドリー・ヴァーデン・ファッションに関しては，次の文献参照．Vanda Foster, "The Dolly Varden," *The Dickensian* Vol. 73, Jan. 1977, pp. 18-24. Edwina Ehrman, "Frith and Fashion," Mark Bills and Vivien Knight eds., op. cit., pp. 119-129. 拙稿「衣服『ドリー・ヴァーデン』の流行」『国際服飾学会誌』vol. 32, 2007, pp. 28-45.

(9) Thomas Jackson Rice, *Barnaby Rudge: An Annotated Bibliography* (New York and London: 1987), pp. 39-41.

(10) "Dolly Varden at her Looking Glass." *The Queen* (Dec. 16, 1871), p. 384: Mark Bills and Vivien Knight eds., op. cit., p. 116.

(11) Charles Dickens 1, op. cit., p. 45: 小池訳，35 頁.

(12) Ibid., p. 47: 小池訳，36 頁.

(13) Charles Darwin 1, op. cit., p. 321.

(14) Michael Steig, *Dickens and Phiz* (Bloomington and London: Indiana Univ. Pr., 1978), p. 4.

(15) Charles Darwin 1, op. cit., p. 319.

(16) Ibid., p. 310.

(17) Mary Ann O'Farrell, op. cit. C. Ricks, *Keats and Embarrassment* (Oxford: Oxford Univ. Pr., 1976).

(18) Mary Elizabeth Braddon 2, *The Doctor's Wife*, 1864 (Oxford: Oxford Univ. Pr., 2008), p. 8.

(19) George Eliot 1, *Adam Bede*, 1859 (London: Penguin Books, 2008), p. 238: ジョージ・エリオット／阿波保喬訳『アダム・ビード』（開文社出版，

1979 年），216 頁.
(20) Ibid., pp. 238-39: 阿波訳，216 頁.
(21) Ibid., p. 240: 阿波訳，217 頁.
(22) George Eliot 2, *Daniel Deronda*, 1876 (Oxford and New York : Oxford Univ. Pr., 2004), p. 360: ジョージ・エリオット／淀川侑子訳『ダニエル・デロンダ』（松籟社，1993 年），258 頁.
(23) Rosa Baugham, op. cit., p. 16.
(24) Charles Dickens 1, op. cit., p. 340: 小池訳，261 頁.
(25) Ibid., p. 122: 小池訳，91-92 頁.
(26) Ibid., p. 170: 小池訳，128 頁.
(27) Ibid., pp. 165-66: 小池訳，124 頁.
(28) "Spinnings in Town," *The Englishwomen's Domestic Magazine* (Jun., 1871), p. 362.
(29) *G. W. Moore's Great Song* (London: Hopwood & Cre, 1870), n.p..
(30) G. W. *Hunt's Popular Song* (London: Weippert & Co., 1871), n. p..
(31) Thomas Jackson Rice, op. cit., p. 34.
(32) Charles Selby and Charles Melville, *Barnaby Rudge, A Domestic Drama, In Three Acts as Performed at the English Opera House June 28th 1841* (Leipsic: J. Wunder, 1841).
(33) Thomas Jackson Rice, op. cit., pp. 34-35.
(34) Charles Dickens 1, op. cit., p. 261: 小池訳，201 頁.
(35) Ibid., p. 264: 小池訳，202 頁.
(36) Paolo Mantegazza, op. cit., p. 279.
(37) Charles Dickens 1, op. cit., p. 262: 小池訳，201 頁.
(38) Ibid., p. 264: 小池訳，202-203 頁.
(39) Ibid., pp. 169-170: 小池訳，128 頁.
(40) ロンダ・シービンガー／小川真理子，財部香枝訳『女性を弄ぶ博物学』（工作社，1996 年）19-50 頁.
(41) Amy M. King, *Bloom* (Oxford and New York: Oxford Univ. Pr., 2003), pp. 4-8.
(42) Ibid., pp. 134-141.
(43) Charles Dickens 1, op. cit., p. 40: 小池訳，31 頁.
(44) Ibid., p. 64: 小池訳，49 頁.
(45) Ibid., p. 82: 小池訳，62 頁.
(46) Ibid., p. 82: 小池訳，62 頁.
(47) S. R. Wells, op. cit., p. 538.

（48） Charles Dickens 1, op. cit., p. 172: 小池訳，129 頁.
（49） Ibid., p. 117: 小池訳，87 頁.
（50） Ibid., p. 589: 小池訳，446 頁.
（51） Ibid., pp. 589-590: 小池訳，446 頁.
（52） Alexander Walker, op. cit., p. 60.
（53） Charles Dickens 1, op. cit., pp. 346-48: 小池訳，267 頁.
（54） Ibid., pp. 603-4: 小池訳，458 頁.
（55） Ibid., p. 604: 小池訳，458 頁.
（56） Ibid., p. 652: 小池訳，495 頁.
（57） Ibid., pp. 665-666: 小池訳，505-06 頁.

第三章

（1） R. コーソン／石山彰監修訳『メークアップの歴史』（ポーラ文化研究所，1993 年）303 頁.
（2） Lola Montez, *The Arts and Secrets of Beauty* (New York: Charles Hons Publishers, 1853), p.23.
（3） Mrs. Alexander Walker 1, *The Book of Beauty* (New York : Henry G. Langley, 1845), p. 179.
（4） Rosa Baugham, op. cit., Chap. 7.
（5） Mrs. A. Walker 1, op. cit., p. 180.
（6） Baroness Staffe, *The Lady's Dressing Room*. 1892 (Newton Abbot: Old HouseBooks co.) reprint. p. 68.
（7） "Notices to Correspondents," *The Ladies' Treasury* (1863), p. 172.
（8） Isobel ed., *Art of Beauty* (London: C. Arthur Perason Ltd., 1899), pp. 61-62.
（9） *The Habits of Good Society* (London: James Hogg & Songs, 1859), p. 186.
（10） Mrs. A. Walker 2, *Female Beauty* (New York: Scofield and Voorhies, 1840), p. 291.
（11） Annie Wolf, *The Truth about Beauty* (New York: Lovell, Coryell & Company, 1892), p. 158.
（12） Mrs. A. Walker 2, op. cit., pp. 292-293.
（13） "Dress and Fashion," *The Queen* (Mar. 29, 1884), p. 353.
（14） Christine Bayles Kortsch, *Dress Culture in Late Victorian Women's Fiction* (Surry, England: Ashgate Publishing Ltd., 2010), pp. 94-97.
（15） "The Fashions," *The Young Ladies Journal* (1871), p. 170.

(16) "Lawn Tennis," *The Ladies' Gazette of Fashion* (1882), p. 128.

(17) Sally Mitchell, *The Daily Life in Victorian England* (Westport, Connecticut and London: Greenwood Press, 1996), p. 121.

(18) Charles Dickens 3, *The Posthumous Papers of the Pickwick Club*, 1837 (London: Oxford Univ. Pr., 1948), p. 54：チャールズ・ディケンズ／梅宮創造訳『英国紳士サミュエル・ピクウィック氏の冒険』（未知谷，2005年）57頁.

(19) Sharrona Pearl, op. cit., p. 37.

(20) Charles Dickens 1, op. cit., p. 166: 小池訳，124頁.

(21) Mary Elizabeth Braddon 3, *Lady Audley's Secret*, 1862 (Oxford and London: Oxford World's Classics, 2008), p. 58.

(22) Ibid., p. 110.

(23) Baroness Staffe, op. cit., p. 71.

(24) "Notices to Correspondents," *The Ladies' Treasury* (1863), pp. 28, 112.

(25) A. F. Crell and W. M. Wallace, *The Family Oracle of Health; Economy, Medicine, and Good Living* (London: J. Bulcock, 1826), pp. 339-340.

(26) Ibid., p. 340.

(27) "The Englishwoman's Conversazione," *The Englishwoman's Domestic Magazine* (Aug. 1867), p. 447.

(28) Ibid., (Jul. 1871), p. 64. "Advertisements," *The Englishwoman's Domestic Magazine* (Apr. 17, 1880), n.p.

(29) "The Englishwoman's Conversazione," *The Englishwoman's Domestic Magazine* (Nov. 1870), p. 318.

(30) "Notices to Correspondents," *The Ladies' Treasury* (1863), p. 56.

(31) "The Englishwoman's Conversazione," *The Englishwoman's Domestic Magazine* (Apr. 1868), p. 223.

(32) Ibid., (Apr. 1870), p. 255.

(33) Ibid., (May 1878), p. 279.

(34) "Advertisements," *The Queen* (Mar.1, 1884), n.p.

(35) Mary Elizabeth Braddon 1, op. cit., p. 95.

(36) "Notices to Correspondents," *The Ladies' Treasury* (1860), p. 96.

(37) 坂井妙子『ウエディングドレスはなぜ白いのか』（勁草書房，1997年）87-92頁.

(38) 前掲R. コーソン，272頁.

(39) *The Habits of Good Society*, op. cit., pp. 122-23.
(40) ジョルジュ・ヴィガレロ／見市雅俊監訳『清潔になる＜私＞』（同文館，1994 年），175, 182 頁.
(41) 同上，302 頁.
(42) Anon. *The Habits of Good Society*, op. cit., p. 118.
(43) 前掲，ジョルジュ・ヴィガレロ，251-62 頁．ヴィガレロはこれを貧者に限定しているが，次に見るように，高級ファッション誌『クイーン』に掲載された石鹸の広告文は，清潔と道徳，秩序の連想が比較的裕福な階級にも浸透していたことを示している.
(44) "Advertisements," *The Queen* (Mar. 15, 1884), p. 296.
(45) Mrs. A. Walker 1, op. cit., pp. 39-40: 前掲，R. コーソン，297 頁.
(46) "The Toilet," *The Ladies' Treasury* (Mar. 1864), pp. 94-95.
(47) "The Englishwoman's Conversazione," *The Englishwoman's Domestic Magazine* (Jul. 1867), p. 391.
(48) "Helen's Dower," *The Englishwoman's Domestic Magazine* (Sept. 1870), p. 134.
(49) Ibid.
(50) Ibid.
(51) Ibid. p. 132.
(52) Mark Bills, "Dickens and the Painting of Modern Life," Mark Bills ed., *Dickens and the Artists* (New Haven and London: Yale Univ. Pr., 2012), pp. 127-129.
(53) *The Habits of Good Society*, op. cit., p. 123.
(54) "Dress and Fashion," *The Queen* (Mar. 1, 1884), p. 353.
(55) *Regency Etiquette: The Mirror of Graces*, op. cit., pp. 42-43.
(56) Lola Montez, op. cit., p. 31.
(57) "The Englishwoman's Conversazione," *The Englishwoman's Domestic Magazine* (Nov. 1870), p. 319.
(58) "The Toilet," *The Ladies' Gazette of Fashion* (1864), pp. 30-31.
(59) W. M. Thackeray, *Vanity Fair*, 1847 (Oxford: Oxford World's Classics, 1998), pp. 226, 663, 448, 321: サッカリー／中島堅二訳『虚栄の市』（岩波文庫，2008 年）2 巻 43 頁，3 巻 418 頁，3 巻 30 頁，2 巻 226 頁.
(60) Ibid., p. 35: 中島訳，1 巻 81 頁.
(61) John Gregory, op. cit., p. 18.
(62) Charles Bell, op. cit., p. 89: 岡本訳，99 頁.
(63) W. M. Thackeray, op. cit., p. 7: 中島訳，1 巻 26 頁.

（64） Ibid., pp. 62-63: 中島訳，1 巻 139 頁.
（65） Ibid., p. 29: 中島訳，1 巻 66 頁.
（66） Albert Smith, op. cit., p. 24-25.
（67） W. M. Thackeray, op. cit., p. 606-607: 中島訳，3 巻 320-321 頁.
（68） Ibid., pp. 650-51: 中島訳，3 巻 397 頁.

第四章

（1） Lora Montez, op. cit., p. 32.
（2） Ibid., p. xxiv.
（3） Baroness Staffe, op. cit., pp. 94-95.
（4） "Advertisement Sheet," *The Ladies' Gazette of Fashion*, vol.2（1880）, n. p.
（5） Ibid., vol.1（1885）, n. p.
（6） Peter G. Homan, Briony Hudson, and Raymond C. Rowe, *Popular Medicines*（London and Chicago: Pharmaceutical Press, 2008）, pp. 18-27.
（7） "Advertisement Sheet," *The Ladies' Gazette of Fashion* vol.1（1882）, n.p. "Advertisements," *The Queen*（May 15, 1880）, n.p.（Feb. 23, 1884）, n.p..
（8） "Advertisement Sheet," *The Ladies' Gazette of Fashion*, vol.1（1879）, n. p.
（9） "Advertisements," Baroness Staffe, op. cit., p. 380.
（10） Ibid., p. 365.
（11） "The Englishwoman's Converzatione," *The Englishwoman's Domestic Magazine*（Aug. 1874）, p. 112.
（12） "Advertisements," *The Englishwoman's Domestic Magazine*（Jul. 1862）, n.p.
（13） John Carey, *Thackeray: Prodigal Genius*（London: Faber & Faber, 1977）, p. 72.
（14） Ibid.
（15） W. M. Thackeray, op. cit., p. 423: 中島訳，2 巻，422 頁.
（16） "Advertisements," *The Lady's Realm*（1901） vol.10, p. 4.
（17） 前掲，R. コーソン，278 頁から引用.
（18） Thomas Richards, *The Commodity Culture of Victorian England*（Stanford: Stanford Univ. Pr., 1990）, p. 180.
（19） "Notices to Correspondents," *The Ladies' Treasury*（1862）, p. 288.
（20） "Notes," *The Lady's Realm*（1899） vol. 6 p. 10.

(21) "Advertisements," *The Queen* (Mar. 1, 1884), p. 237.
なお，「ピュア」や「清らかさ」を強調することは，不純物を混ぜた粗悪品スキャンダルに煽られて，広告業界ではほとんど強迫観念になっていたという．Lori Anne Loeb, op. cit., p. 57.
(22) Jane Eastoe, *Victorian Pharmacy* (London: Pavilion, 2010), p. 158.
(23) "To Correspondents," *The Queen* (Aug. 7, 1880), p. 122.
(24) "Advertisements," *The Queen* (May 15, 1880), n.p.
(25) Fenja Gunn, *The Artificial Face* (New York: Hippocrene Books Inc., 1983), p. 137 より引用.
(26) Ibid.
(27) *The Extraordinary Life and Trial of Madame Rachel at the Central Criminal Court, Old Bailey, London, on the 22, 23, 24 and 25, September, 1868, before the Commissioner Kerr, in the New Court* (London: Diprose and Bateman, 1868), pp. 3-130.
(28) Fenja Gunn, op. cit., p. 138.
(29) Ibid., pp. 137-138.
(30) Neville Williams, *Powder and Paint* (London, New York, and Toronto: Longmans, 1957), p. 103. Fenja Gunn, op. cit., p. 138.
(31) *The Extraordinary Life and Trial of Madame Rachel at the Central Criminal Court, Old Bailey*, op. cit., p. vii.
(32) Jane Eastoe, op. cit., pp. 29, 220.
(33) "Made Beautiful for Ever," *The Englishwoman's Domestic Magazine* (Jun. 1878), p. 330.
(34) Aileen Ribeiro, *Facing Beauty* (New Haven and London: Yale Univ. Pr., 2012), p. 216.
(35) Jane Eastoe, op. cit., p. 155 より引用.
(36) Ibid., p. 153.
(37) Aileen Rebiero, op. cit., p. 255.
(38) Mary Elizabeth Braddon 3, op. cit., pp. 223, 336.
(39) "The Englishwoman's Converzatione," *The Englishwoman's Domestic Magazine* (Jun. 1869), p. 327.
(40) "Advertisements," *The Queen* (Jun. 7, 1884), n.p.
(41) Ibid., (Apr. 12, 1884), n.p.
(42) "To Correspondents," *The Queen* (Jun. 14, 1884), p. 660.
(43) "Advertisement Sheet," *The Ladies' Gazette of Fashion*, vol.1 (1885), n. p.

(44) "Advertisements," *The Queen* (Jun. 7, 1884), n.p.

(45) "The Englishwoman's Converzatione," *The Englishwoman's Domestic Magazine* (Apr. 1870), p. 254.

(46) "Answers to Correspondences," *The Lady's Realm* (1896), p. 223.

(47) 科学博物館（ロンドン蔵）Museum No. 1975-518.

(48) Ibid.

(49) Arnold J. Cooley, *Instructions and Cautions Respecting the Selection and Use of Perfumes, Cosmetics and Other Toilet Articles with A Comprehensive Collection of Formula and Directions for their Preparation* (London: Robert Hardwicke, 1868), p. 398.

(50) Neville Williams, op. cit., p. 107.

(51) *How to Preserve Good Looks: Beauty and Cosmetics* (London, 1871), p. 67.

(52) Paolo Mantegazza, op. cit., pp. 275–276.

(53) Aileen Ribeiro, op. cit., p. 174.

(54) Ibid., p. 202.

(55) Lora Montez, op. cit., p. 33.

(56) "The Mirror of Venus," The Lady's Realm (1896) vol. 1, p. 111.

(57) "Advertisements," *The Queen* (Dec. 11, 1880), n. p.

(58) サンダース製白粉は薔薇色と純白の二色展開，ブライダル・ブーケ・ブルームも「百合とバラの色合いと香り」の二色展開である．ヴェローティンはピンク，白，肌色の三色展開で，ピンクと白を「色白の人用」，肌色(Rachel tint）を「どちらかといえば浅黒い人，またはブルネット用」に分けている．『レディース・レルム』誌（1896年）は紅の色味を昼用と夜用に分けている．"Advertisements," The *Queen* (Feb. 23, 1884), n.p. "Advertisement Sheet," *The Ladies' Gazette of Fashion*, vol.1 (1882), n. p. "The Englishwoman's Converzatione," *The Englishwoman's Domestic Magazine* (Jun. 1, 1869), p. 326. "The Mirror of Venus," *The Lady's Realm* (1896) vol. 2, p. 683.

(59) Baroness Staffe, op. cit., p. 100.

(60) *Beauty and How to Keep it* (London: Brentano's, 1889), p. 19.

(61) Isobel ed., op. cit., p. 90.

(62) *Beauty and How to Keep it*, op. cit., pp. 16–17.

(63) "Advertisements," *The Queen* (Jun. 7, 1884), n.p.

(64) "The Englishwoman's Converzatione," *The Englishwoman's Domestic Magazine* (Aug. 1874), p. 112.

(65)　Arnold J. Cooley, op. cit., p. 431.
(66)　"The Englishwoman's Converzatione," *The Englishwoman's Domestic Magazine*（May 1871）, p. 320.
(67)　"Spinnings in Town," *The Englishwoman's Domestic Magazine*（May 1868）, p. 267.
(68)　"The Englishwoman's Converzatione," *The Englishwoman's Domestic Magazine*（Jul. 1868）, pp. 53-54.
(69)　Ibid.,（Nov. 1869）, p. 280.
(70)　D. G. Brinton and G. H. Napheys, *Personal Beauty*, 1869（Bedford, Massachusetts: Applewood Books, 1994）, pp. 213-14.

第五章

(1)　"Gazette Des Dames," *The Queen*（Nov. 13, 1880）, p. 449.
(2)　赤面のタイミングについては，『アダム・ビード』にもあったが，次の作品も参照．Oscar Wilde, *A Woman of No Importance*, in Ian Small and Russell Jackson eds., *Two Society Comedies*（London: Ernest Benn, 1983）, Act IV, p. 98.
(3)　"Coloured Fashion Plate," *The Queen*（Sept. 4, 1880）, p. 209.
(4)　"London Fashions," *The Queen*（May 20, 1882）, p. 444.
(5)　"Our Coloured Engravings," *The Ladies' Gazette of Fashion*（Aug. 1882）, frontispiece and p. 177.
(6)　"Coloured Plates and Illustrations," *The Ladies' Gazette of Fashion*（1884）, p. 21.
(7)　"Our Coloured Engravings," *The Ladies' Gazette of Fashion*（Apr. 1881）, p. 100.
(8)　"Her Majesty's Drawing Room," *The Queen*（May 20, 1882）, p. 436.
(9)　"Dresses on Ascot Cup Day," *The Queen*（Jun. 27, 1885）, p. 701.
(10)　"Entertainments, Balls, &c.," *The Queen*（Nov. 27, 1886）, p. 616.
(11)　"Fashions," *The Young Ladies Journal*（1871）, pp. 138, 74.
(12)　坂井妙子『ウエディングドレスはなぜ白いのか』（勁草書房，1997年）, pp. 79-83.
(13)　"Fashionable Marriages," *The Queen*（Jul. 3, 1886）, p. 18;（Jul. 17, 1886）, p. 79;（Aug. 7, 1886）, p. 7.　ブライズメイドがオレンジの花を選ぶことがまったくなかったわけではないが，ここに示すようにブラッシュ・ローズが際立って多かった．
(14)　"Answers," *The Queen*（Jun. 30, 1883）, p. 619.

(15) "On Brides and Bridesmaids' Dress II," *The Queen* (Oct. 25, 1884), p. 442.
(16) "Society and Fashion," *The Ladies' Gazette of Fashion* (1886), n.p.
(17) Beverly Seaton, *The Language of Flowers* (Charlottesville and London: Univ. Press of Virginia, 1995), p. 9.
(18) "Toilette," *The Ladies' Companion* (1851), p. 55.
(19) Kay Staniland, *In Royal Fashion* (London: Museum of London, 1997), p. 121.
(20) Mrs. A. Walker 1, op. cit., p. 337.
(21) Lola Montez, op. cit., pp. 63–64.
(22) Annie Wolf, op. cit., pp. 150–151.
(23) Mrs. A. Walker 1, op. cit., p. 359.
(24) Lora Montez, op. cit., p. 67.
(25) *The Habits of Good Society*, op. cit., p. 174.
(26) Mrs. A. Walker 2, op. cit., p. 366.
(27) Lora Montez, op. cit., p. 67.
(28) 大場秀章，望月典子『オールド・ローズブック』(八坂書房，2009 年)，17-47 頁．なお，「オールド・ガーデン・ローズ」とは，「1867 年よりも前に存在した"グループ"に入るバラ」である．
(29) Clyde Phillip Wachsberger and Theodore James, Jr., *Rose* (New York: Harry N. Abrams, Inc., 2004), pp. 53, 37, 35.
(30) Ibid., pp. 23, 34, 36, 38.
(31) Ibid., p. 36.
(32) Barbara Lea Taylor, *Old-fashioned and David Austin Roses* (Toronto: Firefly Books, 2004), p. 24.
(33) Ibid., p. 11.
(34) "Advertisements," *The Queen* (Dec. 30, 1882), n.p. (Feb. 16, 1884), n.p.
(35) "The Exchange," *The Queen* (Jun. 20, 1885), p. 682.
(36) "In the Garden," *The Queen* (Jul. 15, 1882), p. 51.
(37) Lynn Barbar, *The Heyday of Natural History: 1820–1870* (Garden City. NY: Doubleday, 1980), pp. 13–14: Amy M. King, op. cit., p. 167.
(38) Sue Bennett, *Five Centuries of Women and Gardens* (London: National Portrait Gallery Publications, 2000), pp. 96–100.
(39) Ann B. Shteir 1, "Elegant Recreations? Configuring Science Writing for Women," Bernard Lightman ed. 2, *Victorian Science in Context* (Chicago

and London: Univ. of Chicago Pr., 1997), p. 245.

(40) James Secord, op. cit., pp. 38-39.

(41) S. Reynolds Hole, *A Book About Roses*, 1869 (London: Edward Arnold, 1891), p. 26.

(42) Ibid., pp. 30-31.

(43) Ibid., p. 31.

(44) Ibid.

(45) Ibid., p. 32.

(46) Ibid., p. 33.

(47) Ibid., p. 36.

(48) Thomas H. Burgess, op. cit., p. 12.

(49) Ann B. Shteir ?, "Sensitive, Bashful, and Chaste? Articulating the *Mimosa* in Science," Aileen Fyfe and Bernard Lightman eds., *Science in the Marketplace*, op. cit., p. 173.

(50) Thomas H. Burgess, op. cit., p. 18.

(51) Ibid.,pp. 15-16.

(52) Ibid. p. 18.

(53) Ibid., p. 17.

(54) Sarah J. Clarke, *The Blushing Rose, Ballad*, composed by T. J. Chapman (London: Breavington & Sons, 1869). *Soft as the Morning's Blushing Hue, The Favorite Ballad*, composed and sung by W. Incledon (London: 1802). Chresina, *Welcome, Welcome, Blushing Rose*, music by J. J. Haite (London: Alfred J. Davis, 1787). I. *Mazzinghi, See the Blushing Op'ning Roses* (1841). *Pretty Blushing Susan, a Favorite Ballad* (Dublin: Goulding & Co., 1810).

(55) *The Blushing Rose*, op. cit., n.p.

(56) "Too Rich for a Husband," *The Ladies' Treasury* (May 1866), p. 251.

(57) "What the Rose Told," *The Englishwoman's Domestic Magazine* (Oct. 1879), p. 218.

(58) Graeme Tytler, op. cit., pp. 219-222. Sharrona Pearl, op. cit., p. 173.

(59) John Ingram, *Floral Symbolica: or the Language and Sentiment of Flowers* (London: Frederic Warne and Co., 1870), pp. 30-31.

(60) Ibid., p. 32.

(61) Ibid., pp. 42-44, 46.

(62) Ibid., p. 25.

(63) Ibid., p. 26.

（64） Ibid., p. 27.
（65） Ibid., pp. 34-35.
（66） Ibid., p. 27.
（67） Beverly Seaton, op. cit., pp. 44-49.
（68） Ibid., pp. 50-60.
（69） 確かに，シャーロット王女はバラを身につけた姿でポートレートに収まっていることが多い．たとえば，ナショナル・ポートレート・ギャラリー（ロンドン）蔵の作品として，以下参照．William Thomas Fry, after George Dawe, "Princess Charlotte Augusta of Wales; Leopold I"（1817）. Richard Woodman, "Princess Charlotte Augusta of Wales"（circa 1816）. Robert Cooper, after Alfred Edward Chalon, "Princess Charlotte Augusta of Wales" 1816. さらに，ジョージ・ヘイター「ヴィクトリア女王」（1833年）では，ヴィクトリアはシャーロット王女が生前好んだスタイルに髪を結い，テーブルの上に置かれたバラを右手で摘んで，優雅にポーズを取っている．このイメージは，「我々の未来の女王」という献辞を付けて，後の記念祭の時に新聞の付録になったという．"Queens in Waiting: Charlotte & Victoria," Display（National Portrait Gallery, London, Room 16, 26th November 2011-14th October 2012）.
（70） John Ingram, op. cit., p. 29.
（71） R. Clay, *The Language of Flowers, Floral Emblems of Thoughts, Feelings, and Sentiments*（London: George Routledge and Sons, 1869）, p. 173.
（72） Beverly Seaton, op. cit., p. 68. もっとも，考えや情緒を言葉ではなく，花を使って表す試みは古代中国，ギリシャ，エジプトなどにも見られる．その歴史的，文化的変容については，シートンの著書を参照．
（73） *The Language of Flowers*, Brochure（National Art Library landing, 26th June-24th September 2000）.
（74） Beverly Seaton, op. cit., pp. 132-133.
（75） *The Young Ladies' Journal Language of Flowers*（London: E. Harrison, 1869）, pp. 221-223.
（76） Beverly Seaton, op. cit., pp. 190-191.
（77） Ibid., p. 28.
（78） Ibid., p. 85.
（79） Anon, The *Etiquette of Flowers; their Languages and Sentiments*（London: Simpkin and Co., 1852）, p. viii.
（80） Ibid., p. xv.

終　章

(1)　C. Kendal, "A Brief Treatise of the Cause and Symptoms of Flushing and Blushing," *Medical Tracts* (London: 1895).

(2)　Harry Campbell, op. cit., p. 253.

(3)　Hugh Campbell, op. cit., pp. 1-2.

(4)　Ibid., p. 5.

(5)　Harry Campbell, op. cit., pp. 254-255.

(6)　Ibid., p. 268.

(7)　D. G, Brinton and G. H. Napheys, op. cit., pp. 77-78.

(8)　Harry Campbell, op. cit., pp. 254-255.

(9)　Mary Elizabeth Braddon 2, op. cit., p. 60.

(10)　Ibid., p. 24.

(11)　Hugh Campbell, op. cit., pp. 40-41.

(12)　Ibid., pp. 39-40.

(13)　Harry Campbell, op. cit., p. 255.

(14)　Ibid., p. 282.

(15)　John Tosh, op. cit., Chap. 5.

(16)　Ed Cohen, *Talk on the Wilde Side* (New York and London: Routledge, 2011), Chap.1.

(17)　Arthur Mitchell, op. cit., pp. 142-143.

(18)　Hugh Campbell, op. cit., pp. 49-50.

(19)　バージェスは著書の最後で次のように述べている．「乱れた神経組織を正すこと」で，「精神はその目的によりよく適応し――興奮，陰気，倦怠，怠惰，優柔不断の習慣は取り除かれ――，代わって，精神の元気のよい快活さ，活き活きとした気質，心は大胆に高まり，同時に，個人の中に制御が必ずや取って代わるのだ．」．Thomas H. Burgess, op. cit., p. 202.

(20)　Hugh Campbell, op. cit., pp. 12, 34-35.

(21)　Harry Campbell, op. cit., p, 268.

(22)　Ibid.

(23)　C. Kendal, op. cit., p. 5.

(24)　Ibid., p. 16.

(25)　Harry Campbell, op. cit., pp. 274-276.

(26)　Henry Maudsley 1, *Body and Mind: An Enquiry into their Connection and Mutual Influence, Specially in Reference to Mental Disorders* (London: Macmillan, 1870), p. 138.

(27)　William Acton, *The Functions and Disorders of the Reproductive*

Organs, in Youth, in Adult Age and in Advanced Life, Considered in Their Physiological, Social and Psychological Relations（London: John Churchill, 1857）: Ed Cohen, op. cit., pp. 47-53.

(28) Alexander Morison, op. cit., p. 150.

(29) John Tosh, op. cit., p. 46.

(30) James Copland, *A Dictionary of Practical Medicine*（London: Longman, Brown, Green, Longmans & Roberts, 1858）, p. 264.

(31) T. S. Clouston, *Clinical Lectures on Mental Diseases*（London: J & A Churchill, 1883）, pp. 482-492. James Copland, op. cit., p. 264. G. H. Savage, "Hypochondriasis," D. H. Tuke ed., *A Dictionary of Psychological Medicine*, 2 vols.（London: John Churchill, 1892）, p. 617. なお，ヒポコンデリーとの関連は，自慰を医学上の問題として扱った最初の著書，Samuel Tissot, *Tentamen de Morbis ex Manustrupratione*（1758）にも言及されているという．Ed Cohen, op. cit., pp. 45-46.

(32) Vieda Skultans, "Bodily Madness and the Spread of the Blush," John Blacking ed., *The Anthropology of the Body*（London, New York, San Francisco: Academic Pr., 1977）, pp. 150-151.

(33) George Man Burrow, *Commentaries on Insanity*（London: Underwood, 1828）, p. 21: Vieda Skultans, op. cit., p. 151.

(34) Hugh Campbell, op. cit., pp. 32-33.

(35) Harry Campbell, op. cit., pp. 261-268.

(36) Ibid., p. 264.

(37) James Paget 2, "Sexual Hypochondriasis,"（1870） Howard March ed., *Clinical Lectures and Essays*, 2nd edn.（London: Longmans, Green, 1879）, p. 286.

(38) T. S. Clouston, op. cit., pp. 482-483.

(39) James Copland, op. cit., p. 261.

(40) Ibid., p. 272. F. C. Skey, *Lectures on Hysteria*（London: Longmans, Green, Reader, & Dyer, 1867）, p. 55. もっとも，ジェイン・ウッドによると，19 世紀末には，ヒポコンデリーであれ，ヒステリーであれ，その診断はジェンダーから気質の問題へとシフトしていったという．しかし，イギリスでは，男性の精神疾患が女性のヒステリーのコンテクストで扱われるにせよ，男性特有の新たな病理の枠に組み込まれるにせよ，従来の「男性らしさ」の概念が損なわれることはなかった．ヒステリーに代表される気質の特徴——神経質，鋭すぎる感受性，弱い意志——を持つ男性は，軟弱で不適切と断じられたという．Jane Wood, *Passion and Pathology in Victorian*

Fiction（Oxford: Oxford Univ. Pr., 2001）, p. 70.

（41） James Copland, op. cit., pp. 282-283.

（42） F. C. Skey, op. cit., p. 55.

（43） T. S. Clouston, op. cit., pp.478-479.

（44） Robert Brudenell Carter, *On the Pathology and Treatment of Hysteria*（London: John Churchill, 1853）, pp. 20-21, 33.

（45） Wilkie Collins, *Basil*, 1852（Oxford and New York: Oxford Univ. Pr., 1990）, pp. 110-111.

（46） *The Queen*（Jul. 29, 1882）, p. 103. なお，紹介文によると，この作品は以下の通り．E. Werner, H. G Godwin trans., *Partners*（London: Remington and Co., 1882）.

参考文献

＊は邦訳あり

一次資料

Abercrombie, John. *Inquiries Concerning the Intellectual Powers and the Investigation of Truth*. Edinburgh: Waugh and Innes, 1830.

Acton, William. *The Functions and Disorders of the Reproductive Organs, in Youth, in Adult Age and in Advanced Life, Considered in Their Physiological, Social and Psychological Relations*. London: John Churchill, 1857.

Bain, Alexander 1. *Senses and the Intellect*. John W. Parker and Son, 1855.

——— 2. *The Emotions and the Will*. London: Longmans, 1859.

Baugham, Rosa. *The Handbook of Physiognomy*. London: George Redway, 1885.

Baynes, Thomas Spencer. "Darwin on Expression." *Edinburgh Review* 137 (1873): 492–528.

Beauty and How to Keep it. London: Brentano's, 1889.

Beerbohn, Max. *A Defence of Cosmetics*, 1896. New York: Dodd, Mead and Co., 1922.

＊ Bell, Charles. *The Anatomy and Philosophy of Expression as Connected with the Fine Arts*, 1904. London: George Bell & Sons. reprint.

Bello, Paul. *How to Tell your Neighbour's Character or, Physiognomy Simplified*. London: David Scott, 1840.

Braddon, Mary Elizabeth 1. *The Lawyer's Secret*, 1862. London: Hesperus Classics, 2009.

——— 2. *The Doctor's Wife*, 1864. Oxford: Oxford Univ. Pr., 2008.

——— 3. *Lady Audley's Secret*, 1862. Oxford and London: Oxford World's Classics, 2008.

Brinton, D. G. and G. H. Napheys. *Personal Beauty*, 1869. Bedford, Massachusetts: Applewood Books, 1994.

Brougham, Henry Lord. *Dissertations on Subjects of Science Connected with Natural Theology*. London: Knight, 1839.

Burgess, Thomas H.. *The Physiology or Mechanism of Blushing*. London: John Churchill, 1839.

Burrow, George Man. *Commentaries on Insanity*. London: Underwood, 1828.

Campbell, Harry. *Flushing and Morbid Blushing*. London: H. K. Lewis, 1890.

Campbell, Hugh. *Involuntary Blushing*. London: Henry Renshaw, 1890.

Carter, Robert Brudenell. *On the Pathology and Treatment of Hysteria*. London: John Churchill, 1853.

Chresina. *Welcome, Welcome, Blushing Rose*, music by J. J. Haite. London: Alfred J. Davis, 1787.

Clarke, Sarah J.. *The Blushing Rose, Ballad*. composed by T. J. Chapman. London: Breavington & Sons, 1869.

Clay, R.. *The Language of Flowers, Floral Emblems of Thoughts, Feelings, and Sentiments*. London: George Routledge and Sons, 1869.

Clouston, T. S.. *Clinical Lectures on Mental Diseases*. London: J & A Churchill, 1883.

Collins, Wilkie. *Basil*, 1852. Oxford and New York: Oxford Univ. Pr., 1990.

Cooley, Arnold J.. *Instructions and Cautions Respecting the Selection and Use of Perfumes, Cosmetics and Other Toilet Articles with A Comprehensive Collection of Formula and Directions for their Preparation*. London: Robert Hardwicke, 1868.

Copland, James. *A Dictionary of Practical Medicine*. London: Longman, Brown, Green, Longmans & Roberts, 1858.

Crell, A. F. and W. M. Wallace. *The Family Oracle of Health; Economy, Medicine, and Good Living*. London: J. Bulcock, 1826.

＊ Darwin, Charles 1. Paul Ekman, Introduction, *The Expression of the Emotions in Man and Animals*, 1872. Oxford and New York: Oxford Univ. Pr., 1998.

＊———— 2. *The Descent of Man and Selection in Relation to Sex*, 1871. London: Penguin Books, 2004.

———— 3. *Journal of Researches into the Geology and Natural History of the Various Countries Visited during the Voyage of H. M. S. Beagle Round the World under the Command of Capt. FitzRoy R. N. from 1832 to 1836*. London: Henry Colburn, 1839.

de Boulogne, Duchenne. *Mécanisme de la Physionomie Humaine*. Paris: V Jules Renouard, Libraire,1862.

＊ Dickens, Charles 1. *Barnaby Rudge*, 1841. London: Penguin Classics, 2003.

＊———— 2, *David Copperfield*, 1849-50. London: Penguin Classics, 1988.

＊———— 3. *The Posthumous Papers of the Pickwick Club*, 1837. London:

Oxford Univ. Pr., 1948.

* Eliot,George 1. *Adam Bede*, 1859. London: Penguin Books, 2008.

* ———— 2. *Daniel Deronda*, 1876. Oxford and New York : Oxford Univ. Pr., 2004.

Ellis, Havelock. "The Evolution of Modesty" (1899), in *Studies in the Psychology of Sex*, 2 vols. New York: Random House, 1942.

The Etiquette of Flowers; their Languages and Sentiments. London: Simpkin and Co., 1852.

Frith, W. P.. Nevile Wallis ed., *A Victorian Canvas*. London: Geoffrey Bles, 1957.

Gratiolet, Pierre. *De La Physionomie et des Mouvements d'Expression*. Paris: 1865.

Gregory, John. *The Young Lady's Parental Monitor: Containing Dr. Gregory's Father's Legacy to his Daughters*, 1774. Kessinger Publishing's. reprint.

G. W. Hunt's Popular Song. London: Weippert & Co., 1871.

G. W. Moore's Great Song. London: Hopwood & Crew, 1870.

The Habits of Good Society. London: James Hogg & Songs, 1859.

Henle, Jacob. *Handbuch der systematischen Anatomie des Menschen*. Braunschweig: Druck und Verlag von Friedrich Vieweg und Sohn, 1858.

Hole, S. Reynolds. *A Book About Roses*, 1869. London: Edward Arnold, 1891.

How to Preserve Good Looks: Beauty and Cosmetics. London, 1871.

Incledon, W. composed and sung. *Soft as the Morning's Blushing Hue, The Favorite Ballad*. London: 1802.

Ingram, John. *Floral Symbolica: or the Language and Sentiment of Flowers*. London: Frederic Warne and Co., 1870.

Isobel ed.. *Art of Beauty*. London: C. Arthur Pearson Ltd., 1899.

Kendal, C.. "A Brief Treatise of the Cause and Symptoms of Flushing and Blushing." *Medical Tracts*. London: 1895: 1-16.

Kirby, William. *On the Power, Wisdom, and Goodness of God as Manifested in the Creation of Animals and in their History, Habits and Instincts*. London: William Pickering, 1835.

The Language of Flowers: Being a Lexicon of the Sentiments. Ediburgh: Paton and Richie, 1849.

Lavater, J. C.. *Essays on Physiognomy*, 3 vols., T. Holloway ed., H. Hunter trans.. London: J. Murray, 1789-98.

Lewes, G. H.. *Problems of Life and Mind*. London: Trubner, 1879.

Mackintosh, James. *Dissertation on the Progress of Ethical Philosophy*. Edinburgh: Black, 1837.

＊ Mandeville, Bernard. *The Fable of the Bees: or, Private Vices, Publick Benefits*. London: J. Roberts, 1714.

Mantegazza, Paolo. *Physiognomy and Expression*. London: Walter Scott, 1889.

Maudsley, Henry 1. *Body and Mind: An Enquiry into their Connection and Mutual Influence, Specially in Reference to Mental Disorders*. London: Macmillan, 1870.

———— 2. *The Physiology of Mind*. London: Macmillan, 1876.

Mazzinghi, I. *See the Blushing Op'ning Roses*. 1841.

Mitchell, Arthur. *About Dreaming, Laughing and Blushing*. Edinburgh and London: William Green and Sons, 1905.

Montez, Lola. *The Arts and Secrets of Beauty*. New York: Charles Hons Publishers, 1853.

Morison, Alexander. *Outlines of Lectures on Mental Diseases*. Edinburgh: 1825.

Paget, James 1. "Physiognomy of the Human Form." *The Quarterly Review*, 99 (1856): 452-491.

———— 2. "Sexual Hypochondriasis." (1870) Howard March ed., *Clinical Lectures and Essays*, 2nd. ed. London: Longmans, Green, 1879: 275-298.

Piderit, Theodor. *Wissenschaftliches System der Mimik und Physiognomik*. Detmold: 1867.

The Poetry of Flowers, Containing Brief but Beautiful Illustrations of Flowers to which Sentiments have been Assigned with Introductory Observation. Ediburgh: Paton & Richie, 1851.

Pretty Blushing Susan, a Favorite Ballad. Dublin: Goulding & Co., 1810.

Price, Uvedale. *An Essay on the Picturesque, as Compared with the Sublime and the Beautiful*. 1796.

Regency Etiquette: The Mirror of Graces, 1811. Mendocino :R. L. Shep, 1997.

Rogerson, Robert. *What the Eye can see in Human and Animal Character*. Edinburgh and Glasgow: J. Menzies & Co., 1892.

Romanes, George J.. "Mental Differences between Men and Woman," *The Nineteenth Century* 21 (1887): 654-672.

Savage, G. H.. "Hypochondriasis," D. H. Tuke ed., A *Dictionary of*

Psychological Medicine. 2 vols. London: John Churchill, 1892.

Selby, Charles and Charles Melville. *Barnaby Rudge, A Domestic Drama, In Three Acts as Performed at the English Opera House June 28th 1841*. Leipsic: J. Wunder, 1841.

Simms, Joseph. *Physiognomy Illustrated or, Nature's Revelations of Character*, 1889. Kessinger Publishing's. reprint.

Skey, F. C.. *Lectures on Hysteria*. London: Longmans, Green, Reader, & Dyer, 1867.

Smith, Albert. *The Natural History of the Flirt*, 1848. London: D. Bogue. reprint.

Spencer, Herbert 1. *Principles of Psychology*. London: Longman, Brown, Green and Longmans, 1855.

———— 2. "The physiology of laughter," *Essays: Scientific, Political, and Speculative*, 2nd series. London: Williams and Norgate, 1863: 105-19.

Staffe, Baroness. *The Lady's Dressing Room*, 1892. Newton Abbot: Old HouseBooks co.. reprint.

Strachey, C. ed., *The Letters of Lord Chesterfield to his son*, 2 vols. London: Methuen, 1901.

* Thackeray, W. M.. *Vanity Fair*, 1847. Oxford: Oxford World's Classics, 1998.

Tissot, Samuel. *Tentamen de Morbis ex Manustrupratione*. 1758.

The Toilette of Health, Beauty, and Fashion, 1834. Kessinger Publishing's. reprint.

Tuke, D. H. ed.. *A Dictionary of Psychological Medicine*. 2 vols. London: John Churchill, 1892.

Walker, Alexander. *Woman Physiologically Considered As To Mind, Morals, Marriage, Matrimonial Slavery, Infidelity, And Divorce*, 1840. London: A. H. Baily and Co.. reprint.

Walker, Alexander Mrs. 1 *The Book of Beauty*. New York : Henry G. Langley, 1845.

———— 2. *Female Beauty*. New York: Scofield and Voorhies, 1840.

Wells, S. R.. *The New System of Physiognomy*. 1866.

Wilde, Oscar. *A Woman of No Importance*, 1893. Ian Small and Russell Jackson eds., *Two Society Comedies*. London: Ernest Benn, 1983.

Wolf, Annie. *The Truth about Beauty*. New York: Lovell, Coryell & Company, 1892.

参考文献

Wollstonecraft, Mary. *A Vindication of the Rights of Woman*, 1792. New York: Dover Publications Inc., 1996.
Woolnoth, Thomas. *The Study of the Human Face*. London: William Tweedie, 1865.
Wright, Thomas. *The Passions of the Mind*. London: V. S., 1601.
The Young Ladies' Journal Language of Flowers. London: E. Harrison, 1869.
サッカリー『虚栄の市』中島堅二訳，岩波文庫，2008 年.
ジョージ・エリオット『アダム・ビード』阿波保喬訳，開文社出版，1979 年.
ジョージ・エリオット『ダニエル・デロンダ』淀川侑子訳，松籟社，1993 年.
チャールズ・ダーウィン『人間の進化と性淘汰』I，II，長谷川真理子訳，文一総合出版，1999 年.
——『人及び動物の表情について』浜中浜太郎訳，岩波書店，2007 年.
チャールズ・ディケンズ『バーナビー・ラッジ』小池滋訳，集英社，1975 年.
——『デイヴィド・コパフィールド』市川又彦訳，岩波書店，1988 年.
——『英国紳士サミュエル・ピクウィック氏の冒険』梅宮創造訳，未知谷，2005 年.
チャールズ・ベル『表情を解剖する』岡本保訳，医学書院，2005 年.
バーナード・マンデヴィル『蜂の寓話』泉谷治訳，法政大学出版，1985 年.

無記名の雑誌記事，その他

"Advertisements." *The Englishwoman's Domestic Magazine* (Apr. 17, 1880): n.p. (Jul. 1862), n.p.
"Advertisements," *The Lady's Realm* (1901) vol.10: 4.
"Advertisements." *The Queen* (May 15, 1880): n.p. (Dec. 11, 1880): n.p. (Dec. 30, 1882): n.p. (Jan. 5, 1884): n.p. (Feb. 9, 1884): n.p. (Feb. 16, 1884): n.p. (Feb. 23, 1884): n.p. (Mar.1, 1884): 237 (Mar. 15, 1884): 296. (Apr. 12, 1884): n.p. (Jun. 7, 1884): n.p.
"Advertisement Sheet." *The Ladies' Gazette of Fashion*: vol.1 (1879): n. p. vol.2 (1880): n. p. vol.1 (1882): n. p. vol.1 (1885): n. p.
"Answers." *The Queen* (Jun. 30, 1883): 619.
"Answers to Correspondences." *The Lady's Realm* (1896): 223.
"The Charles Dickens Sale." *The Queen* (Jul. 16, 1870): 44.
"Coloured Fashion Plate." *The Queen* (Sept. 4, 1880): 209.
"Coloured Plates and Illustrations." *The Ladies' Gazette of Fashion* (1884): 21.
"Costume of Dolly Varden Chintzes." *The Queen* (May 18, 1872): 348.

"Dolly Varden at her Looking-glass." *The Queen* (Dec. 16, 1871): 390.

"Dolly Varden Polonaise." *The Young Englishwoman* (Aug. 1872): 450-451.

"Dress and Fashion." *The Queen* (Mar. 1, 1884): 353. (Mar. 29, 1884): 353.

"Dresses on Ascot Cup Day." *The Queen* (Jun. 27, 1885): 701.

"The Englishwoman's Conversazione." *The Englishwoman's Domestic Magazine* (Jul. 1867): 391. (Aug. 1867): 447. (Apr. 1868): 223. (Jul. 1868): 53-54. (Jun. 1869): 326-327. (Nov. 1869): 280. (Apr. 1870): 254-255. (Nov. 1870): 318-319. (May 1871): 320. (Jul. 1871): 64. (Aug. 1874): 112. (May 1878): 279.

"Entertainments, Balls, &c.." *The Queen* (Nov. 27, 1886): 616.

"Exactly So!" *Fun* (Jan. 26, 1873).

"The Exchange." *The Queen* (Jun. 20, 1885): 682.

The Extraordinary Life and Trial of Madame Rachel at the Central Criminal Court, Old Bailey, London, on the 22, 23, 24 and 25, September, 1868, before the Commissioner Kerr, in the New Court. London: Diprose and Bateman, 1868.

"Fashionable Marriages." *The Queen* (Jul. 3, 1886): 18. (Jul. 17, 1886): 79. (Aug. 7, 1886): 7.

"The Fashions." *The Young Ladies Journal* (1871): 74, 138, 170.

Four Plates engraved under the superintendence of Hablot K. Browne and Robert Young, to Illustrated the Cheap Edition of "Barnaby Rudge." London: Chapman and Hall, 1849.

"Gazette Des Dames." *The Queen* (Nov. 13, 1880): 449.

"Helen's Dower." *The Englishwoman's Domestic Magazine* (Sept. 1870): 132-137.

"Her Majesty's Drawing Room." *The Queen* (May 20, 1882): 436.

"In the Garden." *The Queen* (Jul. 15, 1882): 51.

"Lawn Tennis." *The Ladies' Gazette of Fashion* (1882): 128.

"London Fashions." *The Queen* (May 20, 1882): 444.

"Made Beautiful for Ever." *The Englishwoman's Domestic Magazine* (Jun. 1878): 330.

"The Mirror of Venus." *The Lady's Realm* (1896) vol. 1:111. vol. 2: 683.

"Notes." *The Lady's Realm* (1899) vol. 6: 10.

"Notices to Correspondents." *The Ladies' Treasury* (1860): 96. (1862): 288. (1863): 28, 56, 112, 172.

"On Brides and Bridesmaids' Dress II." *The Queen* (Oct. 25, 1884): 442.

参考文献
"Our Coloured Engravings." *The Ladies' Gazette of Fashion* (Apr. 1881) :100. (Aug. 1882): frontispiece, 177.
"Society and Fashion." *The Ladies' Gazette of Fashion* (1886): n.p.
"Spinnings in Town." *The Englishwomen's Domestic Magazine* (May 1868): 267. (Jun., 1871): 362.
"That Troubles our Monkey Again." *The Fun* (Nov. 16, 1872).
"To Correspondents." *The Queen* (Aug. 7, 1880): 122. (Jun. 14, 1884): 660.
"The Toilet." *The Ladies' Treasury* (Mar. 1864): 30-31, 94-95.
"Toilette." *The Ladies' Companion* (1851): 55.
"Too Rich for a Husband." *The Ladies' Treasury* (May 1866): 245-253.
"What the Rose Told." *The Englishwoman's Domestic Magazine* (Oct. 1879): 218-220.

二次資料
Angeloglou, Maggie. *A History of Make-up*. London: Macmillan, 1965.
Barbar, Lynn. *The Heyday of Natural History: 1820-1870*. Garden City. NY: Doubleday, 1980.
Barlow, Nora ed.. *The Autobiography of Charles Darwin*. New York and London: W. W. Norton & Co., 2005.
Barnett, S. A. ed.. *A Century of Darwin*. London, Melbourne, and Toronto: Heinemann, 1958.
Beer, Gillian. *Darwin's Plots*. Cambridge: Cambridge Univ. Pr., 2000.
Bennett, Sue. *Five Centuries of Women and Gardens*. London: National Portrait Gallery Publications, 2000.
Berland, Kevin. "Inborn Character and Free Will in the History of Physiognomy," Melissa Percival and Graeme Tytler eds., *Physiognomy in Profile*: 25-38.
Bills, Mark ed.. *Dickens and the Artists*. New Haven and London: Yale Univ. Pr., 2012.
Bills, Mark and Vivien Knight, eds. *William Powell Frith*. New Haven and London: Yale Univ. Pr., 2006.
Blacking, John ed.. *The Anthropology of the Body*. London, New York, San Francisco: Academic Pr., 1977.
Browne, Janet 1. "Darwin and the Expression of the Emotions," David Kohn ed., *The Darwinian Heritage*: 307-326.
———— 2. "Darwin in Caricature," Barbara Larson and Fae Brauer eds.,

The Art of Evolution: 18–39.

Carey, John. *Thackeray: Prodigal Genius*. London: Faber & Faber, 1977.

Cohen, Ed. *Talk on the Wilde Side*. New York and London: Routledge, 2011.

＊ Corson, Richard. Fashion in Makeup. London: Owen, 1972.

Cowling, Mary 1. *The Artist as Anthropologist*. Cambridge: Cambridge Univ. Pr., 1989.

———— 2. *Victorian Figurative Painting*. London: Andreas Papadakis Publisher, 2000.

Crozier, W. Ray. *Blushing and the Social Emotions*. Basingstoke, Hampshire and New York: Macmillan, 2006.

Cummings, Brian. "Animal Passions and Human Sciences: Shame, Blushing and Nakedness in Early Modern Europe and the New World." Erica Fudge, Ruth Gilbert, Susan Wiseman eds., *At the Borders of the Human: Beasts, Bodies and Natural Philosophy in the Early Modern Period*: 26–50.

Dawson, Gowan. *Darwin, Literature and Victorian Respectability*. Cambridge: Cambridge Univ. Pr., 2007.

Desmond, Adrian and James Moore 1. *Darwin: The Life of a Tormented Evolutionist*. New York and London: W. W. Norton & Company, 1994.

———— 2. *Darwin's Sacred Cause*. Boston and New York: Houghton Mifflin Harcourt, 2009.

Dixon, Thomas. *From Passions to Emotions*. Cambridge: Cambridge Univ. Pr., 2003.

Eastoe, Jane. *Victorian Pharmacy*. London: Pavilion, 2010.

Edelmann, Robert. *Coping with Blushing*. London: Sheldon Pr., 1994.

Ehrman, Edwina. "Frith and Fashion." Mark Bills and Vivien Knight eds., *William Powell Frith*: 119–129.

Ekman, Paul. *Darwin and Facial Expressions*. New York, San Francisco, and London: Academic Pr., 1973.

Foster, Vanda. "The Dolly Varden." *The Dickensian* 73 (Jan. 1977): 18–24.

Fudge, Erica, Ruth Gilbert, Susan Wiseman eds.. *At the Borders of the Human: Beasts, Bodies and Natural Philosophy in the Early Modern Period*. New York: Macmillan Pr., 1999.

Fyfe, Aileen and Bernard Lightman eds. *Science in the Marketplace*. Chicago and London: Univ. of Chicago Pr., 2007.

Gordon-Taylor, Gordon and E. W. Walls. *Sir Charles Bell: His Life and Times*. Edinburgh and London: 1958.

Gunn, Fenja. *The Artificial Face*. New York: Hippocrene Books Inc., 1983.

Hartley, Lucy. *Physiognomy and the Meaning of Expression in Nineteenth-century Culture*. Cambridge: Cambridge Univ. Pr., 2005.

Hodge, Jonathan and Gregory Radick eds.. *The Cambridge Companion to Darwin*. Cambridge: Cambridge Univ. Pr., 2009.

Homan, Peter G., Briony Hudson, and Raymond C. Rowe. *Popular Medicines*. London and Chicago: Pharmaceutical Press, 2008.

Janson, H. W.. *Apes and Ape Lore in the Middle Ages and the Renaissance*. London: The Warburg Institute,1952.

Kelly, Kathleen Ann. "The Science of Character: Victorian Physiognomy and its Use by W. P. Frith and Charles Dickens in the Illustration of Personalities." MA. Thesis, 1995 UMI No. 1383556.

King, Amy M.. *Bloom*. Oxford and New York: Oxford Univ. Pr., 2003.

Kohn, David ed.. *The Darwinian Heritage*. Princeton: Princeton Univ. Pr., 1985.

Kortsch, Christine Bayles. *Dress Culture in Late Victorian Women's Fiction*. Surry, England: Ashgate Publishing Ltd., 2010.

Ladell, R. Macdonald. *Blushing; its Analysis, Causes and Cure*. London: The Psychologists, 1949.

The Language of Flowers, Brochure. National Art Library landing, 26th June–24th September 2000.

Larson, Barbara and Fae Brauer eds.. *The Art of Evolution*. Hanover, New Hampshire and London: U.P. of New England, 2009.

Lauster, Martina. "Physiognomy, Zoology, and Physiology as Paradigms in Sociological Sketches of the 1830s and 40s." Melissa Percival and Graeme Tytler eds., *Physiognomy in Profile*: 161–179.

Lenoir, Timothy ed.. *Inscribing Science*. Stanford, California: Stanford Univ. Pr., 1998.

Levine, George1. *Darwin and the Novelists*. Cambridge, Massachusetts and London: Harvard Univ. Pr., 1988.

——— 2. "Reflections on Darwin and Darwinizing." *Victorian Studies* vol. 51 no.2 (2009): 223–247.

Lightman, Bernard 1. *Victorian Popularizers of Science*. Chicago and London: Univ. of Chicago Pr., 2007.

——— ed. 2. *Victorian Science in Context*. Chicago and London: Univ. of Chicago Pr., 1997.

Loeb, Lori Anne. *Consuming Angels: Advertising and Victorian Women.* New York and Oxford: Oxford Univ. Pr., 1994.

Mancoff, Debra N. *The Pre-Raphaelite Language of Flowers.* Munich, London, New York: Prestel, 2003.

Mayer, Jed. "The Expression of the Emotions in Man and Laboratory Animals." *Victorian Studies* vol. 50 no. 3 (2008): 399-417.

Mitchell, Sally. *The Daily Life in Victorian England.* Westport, Connecticut and London: Greenwood Press, 1996.

Montgomery, William. "Charles Darwin's Thought on Expressive Mechanisms in Evolution." Gail Zivin William ed., *The Development of Expressive Behavior.* 27-50.

O'Farrell, Mary Ann. *Telling Complexions.* Durham and London: Duke Univ. Press, 1997.

Pearl, Sharrona. *About Faces.* Cambridge, Massachusetts, and London: Harvard Univ. Pr., 2010.

Percival, Melissa and Graeme Tytler eds.. *Physiognomy in Profile.* Newark: Univ. of Delaware Pr., 2005.

Poovey, Mary. *Uneven Developments.* Chicago: Univ. of Chicago Pr., 1988.

Porter, Roy. "Making Faces: Physiognomy and Fashion in Eighteenth-century England," *Etudes Anglaises* (Paris) No.4 Oct-Dec., 1985: 385-396.

Prodger, Phillip 1. *Darwin's Camera.* Oxford: Oxford Univ. Pr., 2009.

———— 2. "Illustration as Strategy in Charles Darwin's *The Expression of the Emotions in Man and Animals,*" Timothy Lenoir ed.. *Inscribing Science.* Stanford, California: Stanford Univ. Pr., 1998: 140-181.

"Queens in Waiting: Charlotte & Victoria," Display. National Portrait Gallery, London, Room 16, 26th November 2011-14th October 2012.

Ribeiro, Aileen. *Facing Beauty.* New Haven and London: Yale Univ. Pr., 2012.

Rice, Thomas Jackson. *Barnaby Rudge:* An Annotated Bibliography. New York and London: 1987.

Richards, Robert J. 1. *Darwin and the Emergence of Evolutionary Theories of Mind and Behavior.* Chicago and London: Univ. of Chicago Pr., 1987.

———— 2. "Darwin on mind, morals and emotions," Jonathan Hodge and Gregory Radick eds.. *The Cambridge Companion to Darwin*: 96-119.

———— 3. *The Romantic Conception of Life.* Chicago and London: Chicago Univ. Pr., 2002.

Richards, Thomas. *The Commodity Culture of Victorian England.* Stanford:

Stanford Univ. Pr., 1990.
Ricks, C.. *Keats and Embarrassment*. Oxford: Oxford Univ. Pr., 1976.
Rosenthal, Angela. "Visceral Culture: Blushing and the Legibility of Whiteness in Eighteenth-century British Portraiture." *Art History* Vol. 27, No. 4 (2004): 563-592.
Rowlinson, Matthew. "Foreign Bodies; or, How Did Darwin Invent the Symptom?" *Victorian Studies* vol. 52 No. 4 (2010): 535-559.
Rylance, Rick. *Victorian Psychology and British Culture 1850-1880*. Oxford: Oxford Univ. Pr., 2000.
Saywell, David, and Jacob Simon, *Complete Illustrated Catalogue*. London: National Portrait Gallery, 2004.
Schmitt, Cannon. *Darwin and the Memory of the Human*. Cambridge: Cambridge Univ. Pr., 2009.
Seaton, Beverly. *The Language of Flowers*. Charlottesville and London: Univ. Press of Virginia, 1995.
Secord, James. "How Scientific Conversation Became Shop Talk," Aileen Fyfe and Bernard Lightman eds., *Science in the Marketplace*: 23-59.
Shteir, Ann B. 1. "Elegant Recreations? Configuring Science Writing for Women," Bernard Lightman ed., *Victorian Science in Context*: 236-255.
———— 2. "Sensitive, Bashful, and Chaste? Articulating the *Mimosa* in Science," Aileen Fyfe and Bernard Lightman eds., *Science in the Marketplace*: 169-195.
Shookman, Ellis. *The Faces of Physiognomy: Interdisciplinary Approaches to Johann Caspar Lavater*. Drawer, Columbia: Camden House, 1993.
Skultans, Vieda. "Bodily Madness and the Spread of the Blush," John Blacking ed., *The Anthropology of the Body*: 145-160
Smith, Jonathan. *Charles Darwin and Victorian Visual Culture*. Cambridge: Cambridge Univ. Pr., 2006.
Staniland, Kay. *In Royal Fashion*. London: Museum of London, 1997.
Steig, Michael. *Dickens and Phiz*. Bloomington and London: Indiana Univ. Pr., 1978.
Strongman, K. T. ed.. *International Review of Studies on Emotion*. vol. 2 Chichester, New York: John Wiley & Sons, 1992.
Taylor, Barbara Lea. *Old-fashioned and David Austin Roses*. Toronto: Firefly Books, 2004.
Tosh, John. *A Man's Place: Masculinity and the Middle-class Home in*

Victorian England. New Haven and London: Yale Univ. Pr., 2007.

Trotter, David. "Dickens and Frith," Mark Bills and Vivien Knight eds., *William Powell Frith*: 29-39.

Tytler, Graeme. *Physiognomy in the European Novel*. Princeton: Princeton Univ. Pr., 1982.

Wachsberger, Clyde Phillip and Theodore James, Jr., *Rose*. New York: Harry N. Abrams, Inc., 2004.

William, Gail Zivin ed., *The Development of Expressive Behavior*. Orlando, Sandiego: Academic Press inc., 1985.

Williams, Neville. *Powder and Paint*. London, New York, and Toronto: Longmans, 1957.

Wood, Jane. *Passion and Pathology in Victorian Fiction*. Oxford: Oxford Univ. Pr., 2001.

Yeazell, Ruth Bernard. *Fictions of Modesty*. Chicago and London: Univ. of Chicago Pr., 1991.

A. V. ビュフォー『涙の歴史』持田明子訳，藤原書店，1994 年.

大場秀章，望月典子『オールド・ローズブック』八坂書房，2009 年.

坂井妙子『ウエディングドレスはなぜ白いのか』勁草書房，1997 年.

――――「衣服『ドリー・ヴァーデン』の流行」『国際服飾学会誌』32 (2007): 28-45.

ジョナサン・クレーリー『観察者の系譜』遠藤知巳訳，十月社，1997 年.

ジョルジュ・ヴィガレロ『清潔になる＜私＞』見市雅俊監訳，同文館，1994 年.

ジャン＝クロード・ボローニュ『羞恥の歴史』大矢タカヤス訳，筑摩書房，1994 年.

浜本隆志，柏木治，森貴史編『ヨーロッパ人相学』白水社，2008 年.

矢島壮平，「ダーウィンとイギリス自然神学」日本科学哲学会編『ダーウィンと進化論の哲学』勁草書房，2011 年.

リチャード・コーソン『メークアップの歴史』石山彰監修訳，ポーラ文化研究所，1993 年.

ロンダ・シービンガー『女性を弄ぶ博物学』小川真理子，財部香枝訳，工作社，1996 年.

図版出所一覧

表　紙

"Under-petticoat and Corset of Brocade," *The Ladies' Treasury* (1892), p. 120.

口　絵

1. "Latest Paris Fashions," *The Queen* (Dec 1, 1877), n.p. 文化女子大学図書館蔵
2. 科学博物館（ロンドン）蔵 Museum No.1975-518 © Science Museum/Science and Society Picture Library.
3. Mrs. A. Walker, *Female Beauty* (New York: Scofield and Voorhies, 1840), n.p.

序　章

図 intro-1　S. R. Wells, *The New System of Physiognomy* (1866), p. 537.

図 intro-2　Albert Smith, *The Natural History of the Flirt*, 1848 (London: D. Bogue), reprint. p. 16.

図 intro-3　チャールズ・ベル，岡本保訳『表情を解剖する』（医学書院，2005年），80 頁．

図 intro-4　Thomas Woolnoth, *The Study of the Human Face* (London: William Tweedie, 1865), facing page of p. 177.

図 intro-5　Baroness Staffe, *The Lady's Dressing Room*. 1892 (Newton Abbot: Old HouseBooks co.), reprint. p. 379.

第一章

図 1-1　"That Troubles Our Monkey Again," *Fun* (Nov. 16, 1872).

図 1-2　"Exactly So !," *Fun* (Jan. 26, 1873).

第二章

図 2-1　W. P. Frith, 'Dolly Varden.' ヴィクトリア・アンド・アルバート博物館蔵© Victoria and Albert Museum, London.

図 2-2　"Costume of Dolly Varden Chintzes," *The Queen* (May 18, 1872),

p. 348. "Dolly Varden Polonaise," *The Young Englishwoman* (Aug. 1872), pp. 450-451. 大英図書館蔵

図 2-3　*G. W. Moore's Great Song* (London: Hopwood & Crew, 1870). *G. W. Hunt's Popular Song* (London: Weippert & Co., 1871), frontispiece. 大英図書館蔵

図 2-4　Charles Dickens 1, *Barnaby Rudge*, 1841 (London: Penguin Classics, 2003), p. 46.

図 2-5　*Four Plates Engraved Under the Superintendence of Hablot K. Browne and Robert Young, to Illustrated the Cheap Edition of "Barnaby Rudge"* (London: Chapman and Hall, 1849), n.p.. 大英図書館蔵

図 2-6　"Dolly Varden at her Looking-glass," *The Queen* (Dec. 16, 1871), p. 390. 大英図書館蔵

図 2-7　Charles Dickens 1, op. cit., p. 263.

図 2-8　Charles Dickens 1, op. cit., p. 83.

第三章

図 3-1　"Advertisement Sheet," *The Ladies' Gazette of Fashion* (1884), n.p. 大英図書館蔵

第四章

図 4-1　"Advertisements," *The Queen* (Jan. 5, 1884), n.p. 大英図書館蔵

図 4-2　"Advertisement Sheet," *The Ladies' Gazette of Fashion*, vol.1 (1879), n. p. 大英図書館蔵

図 4-3　Maggie Angeloglou, *A History of Make-up* (London: Macmillan, 1965), p. 98 より.

図 4-4　"Advertisements," *The Queen* (Feb. 9, 1884), n.p. 大英図書館蔵

図 4-5　"Advertisements," *The Queen* (Apr. 12, 1884), n.p. 大英図書館蔵

図 4-6　"Advertisement Sheet," *The Ladies' Gazette of Fashion*, vol.1 (1882), n. p. 大英図書館蔵

図 4-7　ロンドン博物館蔵 Museum No. 64.103/33. ©The Museum of London

図 4-8　ロンドン博物館蔵 Museum No. 86.90/1. ©The Museum of London

図 4-9　"Advertisements," *The Queen* (Dec. 11, 1880), n.p. 大英図書館蔵

第五章

図 5-1　"Spring Pelisse," *The Queen* (Apr. 16, 1881), p. 387. 大英図書館蔵

図 5-2　"Fashionable Parasols," *The Queen* (Jun. 3, 1882), n.p. 大英図書館

蔵

図 5-3 "Our Coloured Engravings," *The Ladies' Gazette of Fashion* (Aug. 1882), frontispiece and p. 177. 大英図書館蔵

図 5-4 "Flower Show Toilette," *The Ladies' Gazette of Fashion* (Apr. 1884), p. 74. 大英図書館蔵

図 5-5 "Coloured Plates and Illustrations," *The Ladies' Gazette of Fashion* (Jan. 1884), p. 16. 大英図書館蔵

図 5-6 "No. 4 Dinner Dress," *The Queen* (Mar. 13, 1880), p. 240. "No. 1. Evening Dress," *The Queen* (Feb. 23, 1884), p. 200. 大英図書館蔵

第六章

図 6-1 "Advertisements," Baroness Staffe, op. cit., n.p.